ଗୀତ ଫୁଲର ମହକ

ଗୀତ ଫୁଲର ମହକ

ଡ. ଗୋବିନ୍ଦ ଚନ୍ଦ୍ର ଦାଶ

ବ୍ଲାକ୍ ଈଗଲ୍ ବୁକ୍ସ
ଭୁବନେଶ୍ୱର, ଓଡ଼ିଶା

BLACK EAGLE BOOKS
Dublin, USA

ଗୀତ ଫୁଲର ମହକ / ଡ. ଗୋବିନ୍ଦ ଚନ୍ଦ୍ର ଦାଶ

ବ୍ଲାକ୍ ଇଗଲ୍ ବୁକ୍ସ : ଭୁବନେଶ୍ୱର, ଓଡ଼ିଶା ● ଡବ୍ଲିନ୍, ଯୁକ୍ତରାଷ୍ଟ୍ର ଆମେରିକା

 BLACK EAGLE BOOKS

USA address:
7464 Wisdom Lane
Dublin, OH 43016

India address:
E/312, Trident Galaxy, Kalinga Nagar,
Bhubaneswar-751003, Odisha, India

E-mail: info@blackeaglebooks.org
Website: www.blackeaglebooks.org

First International Edition Published by
BLACK EAGLE BOOKS, 2025

GITA PHULARA MAHAK
by Dr. Govind Chandra Dash

Copyright © **Dr. Govind Chandra Dash**

All rights reserved. No part of this publication may be reproduced, stored in a retrieval system, or transmitted, in any form or by any means, electronic, mechanical, photocopying, recording or otherwise without the prior permission of the publisher.

Cover & Interior Design: Ezy's Publication

ISBN- 978-1-64560-802-8 (Paperback)

Printed in the United States of America

ଉତ୍ସର୍ଗ

ମୋର ଦିବଂଗତ ପିତା ସ୍ୱର୍ଗତ ମଧୁସୂଦନ ଦାଶ ଓ ମାତା
ସ୍ୱର୍ଗତ ଉମାମଣୀ ଦାଶଙ୍କ ସ୍ମୃତି ଉଦ୍ଦେଶ୍ୟରେ...

ଅଗ୍ରଲେଖ

ସେ କେହି ଜଣକ କିଏ ?
ମୋତେ ପିଲାଦିନରୁ କବିତା ମନସ୍କ କରାଇଥିବା
ସେ କେହି ଜଣକ କିଏ ?
ମୋ ହାତକୁ ଗୀତ ଫୁଲର ମହକ ସବୁକୁ ବଢ଼େଇ ଦେଇଥିବା
ସେ କେହି ଜଣକ କିଏ ?
ମୋ ସ୍ୱପ୍ନ ଭିଜା ଅଧ ରାତିଟିରେ ଆଲୁଅ ଜଳେଇ ମୋତେ
ନିଦରୁ ଉଠେଇ ଦେଇଥିବା ସେ କେହି ଜଣକ କିଏ ?
ମୋତେ ତା' ଆଂଗୁଠି ଟିପରେ ଖେଳନା କରି ଦିନରାତି
ନଚଉଥିବା ସେ କେହି ଜଣକ କିଏ ?

ମୋ ଉତ୍ତରରେ ସିଏ ନିରୁତ୍ତର
ମୋ ଅନୁତାପରେ ତା'ର ପଶ୍ଚାତ୍ତାପ
ମୋ ଆଲିଙ୍ଗନରେ ତା'ର ଅଭିମାନ
ମୋ ଆଶ୍ୱାସନାରେ ସିଏ ବିବସନ
ମୋ ଅନୁରୋଧରେ ସିଏ ଅବୋଧ
ମୋ ଉପସ୍ଥିତିରେ ସିଏ ଅନୁପସ୍ଥିତ

ସେ କେହି ଜଣକ ଆଉ କେହି ନୁହେଁ, ସିଏ ମୋ ମନର ମହାର୍ଘ ସ୍ମୃତି, ମୋ ସୃଷ୍ଟିର ସୃଜନ ଶକ୍ତି, ମୋ ହୃଦୟର ହଂସଧ୍ୱନି, ମୋ ନିର୍ଜନତାର ନିରବ ନେର୍ଦ୍ଦଶ ଓ ମୋ ଚେତନାର ଚିତ୍ରିତ ଚଉପଦି ।

ଜୀବନର ଯେତେ ସବୁ ହର୍ଷବିଷାଦ, ଶୂନ୍ୟତା ବ୍ୟର୍ଥତା, ଯଶଅପଯଶ, ଗ୍ଲାନି ମୃତ୍ୟୁ, ସ୍ମୃତି ବିସ୍ମୃତି ହେଉଛି ମୋ ରଚନାର ଉପପାଦ୍ୟ ଯାହାକୁ ନେଇ ମୁଁ ଜୀବନର ଜ୍ୟାମିତି ଗଢ଼େ, ଅଙ୍କ କଷେ ଓ ମନର ମାନଚିତ୍ରରେ ଛବି ଓ ସଙ୍ଗୀତର ମର୍ମସ୍ପର୍ଶୀ ମୂର୍ଚ୍ଛନା ତୋଳେ। କବି ଜୀବନର ସାର୍ଥକତା ଖୋଜେ ମୋ ସଂଚିତ ଶବ୍ଦ ସବୁର ସାମର୍ଥ୍ୟ ଭିତରେ, କଅଁଳ କଥା ସବୁକୁ ନେଇ କାହାଣୀ ଗଢୁଥିବା ମୋ ଗୀତ ଗୁଡ଼ିକ ଭିତରେ, ନିଜ ଅନିଚ୍ଛାର ଆଢୁଆଳରେ ବଢ଼ି ଚାଲିଥିବା ଓ ଅର୍ଦ୍ଧ ନୂଆ ଲାଗୁଥିବା ଆସନ୍ତା କାଲି ମାନଙ୍କର ଥଟ୍ଟା ପରିହାସରେ, ଦିନଦିନ ଦରି ଅପେକ୍ଷା କରିଥିବା ଆତ୍ମୀୟତା ଓ ଭଲ ପାଇବାର ଭରସା ଭିତରେ।

ସମ୍ପର୍କ ସରିଯାଏ ଜୀବନର ଶେଷ ସଂଳାପରେ। ସଂକଳ୍ପର ସକାଳ ସଞ୍ଜ ହୁଏ ସମୟର ସବୁଜ ସ୍ୱପ୍ନରେ। ଗୀତର ଗୋପଦାଣ୍ଡରେ ଗୁଣୁଗୁଣୁ ହୋଇ କିଏ ଗାଉଥାଏ ଜୀବନ ସଙ୍ଗୀତ, ସିଏ ଆଉ କେହି ନୁହଁ ମୋ ଭିତର ଚାରିକଡ଼ ଭୂମିଠାରୁ ଭୂମାର ପର୍ଯ୍ୟନ୍ତ।

ବ୍ଲାକ୍ ଇଗଲ ବୁକ୍‌ସ୍‌ର ଶ୍ରୀଯୁକ୍ତ ସତ୍ୟ ପଟ୍ଟନାୟକ ବହୁ ଶ୍ରମ ସ୍ୱୀକର କରି ପୁସ୍ତକଟିକୁ ପୂର୍ଣ୍ଣାଙ୍ଗ ରୂପ ଦେଇଥିବାରୁ ତାଙ୍କୁ ମୋର ଢେର୍ ସାରା ଆନ୍ତରିକ ଶୁଭେଚ୍ଛା, ଶୁଭ କାମନା ଜଣାଉଛି। ମୋର ଧର୍ମପତ୍ନୀ ଡ. ରୀତା ପତି, ଝିଅ ଜ୍ୱାଇଁ, ନାତି ନାତୁଣୀ, ପୁଅବୋହୁ ସମସ୍ତେ ମୋର ସୁଖ ଦୁଃଖର ସହଭାଗୀ ହୋଇ ପୁସ୍ତକ ପ୍ରକାଶନରେ ଯଥେଷ୍ଟ ଉତ୍ସାହିତ କରିଥିବାରୁ ସମସ୍ତଙ୍କୁ ହୃଦୟ ଭରା ଆଶୀର୍ବାଦ ଜଣାଉଛି।

ପ୍ରଥମାଷ୍ଟମୀ
୧୨.୧୧.୨୦୨୫

ଜୟ ଜଗନ୍ନାଥ
ବନ୍ଦେ ଉତ୍କଳ ଜନନୀ

କବିତା କ୍ରମ

ତୁମ ସହ ମୋତେ ନିବିଡ଼ କରିଛି ୧୩
ଶ୍ରାବଣ ସକାଳ କରିଛି ପାଗଳ ୧୪
ଫୁଲଟେ ଫୁଟିଲା ବାସ ଚହଟିଲା ୧୫
ପ୍ରେମ ଏକ ବାସ୍ନା ଫୁଲ ୧୬
ପୁଣ୍ୟନଦୀର ତୀରେ ମୁଁ ୧୭
ଜହ୍ନରେ କିଏ କଳଙ୍କ ଲେପିଛି ୧୮
ଯେତେ ଆଲୋଡ଼ନ ଯେତେ ଅଭିମାନ ୧୯
କଥା ଦେଇଥିଲ ମୋ ସାଥୀରେ ତୁମେ ୨୦
ଜାଳି ବସିଲି ଯେବେ ମୁଁ ଦୀପଟିଏ ୨୧
ତୁମେ ବଦଳିଲେ ଋତୁ ବଦଳେ ୨୨
ମୁଁ ଯେବେ ତୁମକୁ ଦେଇ ପାରିଲିନି ସୁଖ ୨୩
ଯେତେଥର ମୁହିଁ ହାରି ଯାଇଅଛି ୨୪
ସ୍ମୃତି ତୁମେ ଏକ ୨୫
ଆଖିର ଝଲକ ଆଖିର ପଲକ ୨୬
ଜୀବନରେ କେବେଥରେ ଦେଖାହେଲେ ୨୭
ନୂଆଁଣିଆ ଚାଳଘର ୨୮
ଆସିବା ଦିନଠୁ ତମେ କାହିଁକି କାନ୍ଦୁଛ ୨୯
ମନ ତୁମ ୩୦
ନିରବି ଯାଇଛି ଦେହ ମନ ପ୍ରାଣ ୩୧
ତୁମକୁ ଡାକିଲି ଆସ ଆସ ବୋଲି ୩୨
କହିଲି ଯେତେ ମୁଁ ୩୩
ଯେବେ ମୁଁ ଚାହିଁଛି ୩୪
ଚାତକ ପରି ମୁଁ ଅନାଇ ବସିଛି ୩୫
ପ୍ରୀତି ତୁମ ଶତଦଳ ୩୬

ପାହାଡ଼ ଦେହରୁ ଝରଇ ଝରଣା	୩୭
କଥା ଦେଇଥିଲ ମୋତେ ତୁମେ	୩୮
ପ୍ରୀତିର ପସରା ଖୋଲି ଦେଇଅଛ	୩୯
ତୁମକୁ ନେଇ ମୁଁ ଲେଖିବି କବିତା	୪୦
ପ୍ରୀତି ତୁମ ସ୍ମୃତି ହୁଏ କେବେ	୪୧
ଛଳନାରେ ଜିଙ୍କି ପାରେ ନାହିଁ ମୁହିଁ	୪୨
ରାତିର ଶେଯରେ ସ୍ୱପ୍ନ ଏକ	୪୩
ତମାମ୍ ରାତିର ବର୍ଷା ଯେବେ ଧୋଇଦିଏ	୪୪
ସଂସାର ଯାକର ଗାଳିମନ୍ଦ ସହି	୪୫
ଶେଷ ପାହାଚରେ ପହଞ୍ଚ ଯାଇ ମୁଁ	୪୬
ଆଖିର ଧାରେ ଲୁହରେ ମୁଁ ଦେଖୁଛି	୪୭
ଅଳସ ଆଖିରେ ବସା ବାନ୍ଧିଅଛି	୪୮
ଭାବନାରେ ଯେବେ କାଶତଣ୍ଡୀ ଫୁଟେ	୪୯
ଶ୍ରାବଣ ଗୋ ତୁମେ	୫୦
ହସି ଦେଇଥିଲ ଯେବେ	୫୧
କଥା ଦେଇଥିଲ ଆସିବ	୫୨
ତନୁ ତୁମେ ମୋ ପାଇଁ	୫୩
ଏମିତି ଦେଖିଲେ ତୁମକୁ	୫୪
ଯେତେ ଯାହା ଥିଲା ଅଭିଯୋଗ ତୁମ	୫୫
ଯେବେ ମୁଁ ଚାହିଁଲି ଜପାମାଳି କରି	୫୬
ଯାହାକୁ ଭାବୁଛ ତମର ତମର	୫୭
ବୁଝିଲନି କାହିଁ ମୋ କଥାକୁ ତୁମେ	୫୮
ପ୍ରୀତି ଡାକେ ହାତ ଠାରି	୫୯
ରତୁ ବଦଳିଲେ ରଙ୍ଗ ତ ବଦଳେ	୬୦
କେଉଁ ଫଗୁଣର ମହକ ତୁମେ ଗୋ	୬୧
ଜିଙ୍କିବାର ମନ ନେଇ ଜୀବନ ଜିଙ୍କିଲେ	୬୨
କିଛି ଦୋଷ ମୁଁ ତ କାହାର କରିନି	୬୩
କହିବାକୁ ଥିଲା କେତେ କ'ଣ ମୋର	୬୪
ମନ କାଗଜରେ ଡଙ୍ଗାଟିଏ କରି	୬୫
ଜୋଛନାରେ ଭରା ଏଇ ରାତି	୬୬
ଏତେ ଦିନ ପରେ ମନେହୁଏ ମୋର	୬୭
ଫଗୁଣର ଫୁଲଘର ତୋଳିଲି ମୁଁ	୬୮

କେତେ ମୁଁ ହସିଛି କେତେ ମୁଁ କାନ୍ଦିଛି	୬୯
ଜୀବନଟା ଏକ କାଗଜ ଡଙ୍ଗା	୭୦
ଥିଲା ଯାହା ମୋର ଲେଖିବାକୁ ଏଠି	୭୧
ସ୍ମୃତିକୁ ଆସୁଛି ଆଜି ମୋର ସବୁ	୭୨
ବହୁଦିନ ପରେ ସେଦିନ ଦେଖିଲି	୭୩
ନିଦର ପହଡ ଭାଙ୍ଗି ଯେବେ	୭୪
ତୁମେ ହସୁଥିଲେ ଜହ୍ନ ହସୁଥିଲା	୭୫
ଯେତେ ଶବ୍ଦ ଆସନ୍ତି ପାଖକୁ	୭୬
ମନେ ରଖ ଭୁଲିଯିବା ଗୋଟେ	୭୭
ସବୁଦିନ ପାଇଁ ତୁମେ ରହିଥିବ	୭୮
ଶ୍ରାବଣ ଗଡାଏ ଲୁହ	୭୯
ଏ ଜହ୍ନ ରାତି ଏମିତି ଅଛି	୮୦
ଆକାଶ କହୁନି କଥା	୮୧
ଜୀବନଟା ମୁଠେ ସରୁବାଲି ପରି	୮୨
ମୋ ଅନିଦ୍ରା ଆଖିରେ	୮୩
ଚିଠି ଚିରିଗଲେ ମୋହ ଟୁଟିଯାଏ	୮୪
ଚାରିଆଡେ଼ ଖାଲି ଶୂନ୍ୟତାର ଡାକ	୮୫
କେତେ ଯେ ଦାରୁଣ କେତେ ଯେ କରୁଣ	୮୬
ଆଖି ମୋର ଛଳଛଳ ହେଲା	୮୭
ତୁମେ ହସୁଥିଲ ମୁଁ ବି ହସୁଥିଲି	୮୮
ସାରା ଜୀବନଟା ବିତାଇ ନେଲି ମୁଁ	୮୯
କେତେ ଯେ ପ୍ରତୀକ୍ଷା ପରେ ତୁମ ଦେଖା	୯୦
କେଉଁ ଏକ ଅଳସ ସଞ୍ଜରେ	୯୧
ମନ ଯେବେ ଛନ୍ଦିହୁଏ	୯୨
ପାହାଡିଆ ସ୍ୱପ୍ନ ମୋର	୯୩
ମୁଁ ଯେବେ ହଜିଯାଏ ମୋ ଭିତରେ	୯୪
ଅନୁରାଗେ ଭରା ଏ ପୃଥିବୀ	୯୫
ସମୟ କାନ୍ତରେ କିଏ ଲେଖିଦିଏ	୯୬
ମମତାର ମଧୁର ମହକେ	୯୭
କେତେ ଯେ ବସନ୍ତ ଆସିଛି ଏଠାକୁ	୯୮
ତୁମ ପରି ସାଗର ଦେହରେ	୯୯
ସମୟର ଗଛଡାଳେ ବଢ଼ିଚାଲେ	୧୦୦

ତୁମ ଛଡ଼ା ଆଉ କାହାଠି ବି ନୁହେଁ	୧୦୧
ମୋ ଜୀବନ କ'ଣ ଏଡ଼େ ମୂଲ୍ୟହୀନ	୧୦୨
ମନର ସୁରମ୍ୟ ଅଗଣା ଭିତରେ	୧୦୩
ଯେବେ ହଜିଯାଏ ଆଲୋକ ମୁଠାଏ	୧୦୪
ଲୁହର ସାଗରେ ଯେବେ ଶୁଣାଯାଏ	୧୦୫
ନୀଳ ଦରିଆରେ ନଉକା ବାହି ମୁଁ	୧୦୬
କେଉଁ ମିଠା ମିଠା ଭାବନାରେ ତୁମେ	୧୦୭
ତୁମ ଓଠଧାରେ ହେଲିନି ଯଦି ମୁଁ	୧୦୮
କେତେ ପୂର୍ଣ୍ଣିମାର ଚାନ୍ଦ ତୁମେ ଗୋ	୧୦୯
ଧାରେ କଜଳରେ ଭରା ଆଖି	୧୧୦
ପ୍ରୀତିଭରା ଏଇ ଜହ୍ନ	୧୧୧
କଅଁଳ ମନ ମୋ କଥା କହେ	୧୧୨
ଆହତ ଓଠରେ ମୁକ୍ତିର ଭାଷା	୧୧୩
ତନୁଲତା, ତୁମ ତନୁରେ ଫୁଟିଛି	୧୧୪
ଯେତେ ସନ୍ଧ୍ୟା ଆସେ ଏଇ ଜୀବନରେ	୧୧୫
ଯାଇଥିଲି ଯେବେ ତୁମ ଅଜାଣତେ	୧୧୬
କେତେ ଯେ ଘଟଣା ଘଟିଗଲାଣି	୧୧୭
ଯେଉଁ ବାଟ ଦେଇ ତୁମେ ଯାଇଥାଅ	୧୧୮
କେତେବେଳେ 'ହଁ' ତୁମର	୧୧୯
ତୁମ ଓଠରେ ଫଗୁଣ ହସ	୧୨୦
କାହିଁ କିଛି ମୋତେ କହିଲନି ତୁମେ	୧୨୧
ଗୀତରେ ଗାଇଛି କେତେ ମୁଁ ତୁମକୁ	୧୨୨
ଶ୍ରାବଣ ରାତିର ଶୋଇବା ଶେଯରେ	୧୨୩
ମନ ଯେବେ ହୁଏ ପାଗଳ ଭଅଁର	୧୨୪
ମୋ ମନର ନୀରବତା	୧୨୫
ଏକା ଏକୁଟିଆ ମଣିଷଟିଏ ମୁଁ	୧୨୬
ଥିବା ନଥିବାର ଭ୍ରମ	୧୨୭
ସକାଳ ଗାଉଛି ଗୀତ	୧୨୮
ଗାଉଛି ମୁଁ ଏମିତି ଗୀତଟେ	୧୨୯
ଫୁଲ ହୋଇ ଯେବେ ଫୁଟି ପାରିଲିନି	୧୩୦
ଶୀତ ସକାଳର ଖରାରେ ଯେବେ	୧୩୧
ବସନ୍ତ ରାତିର ବଗିଚାଟି ଦେଖି	୧୩୨

ତୁମ ସହ ମୋତେ ନିବିଡ଼ କରିଛି

ତୁମ ସହ ମୋତେ ନିବିଡ଼ କରିଛି
ତୁମ ହାତ ଲେଖାଚିଠି
ତୁମ ହସ ହସ ମୁହଁ ଦିଶୁଅଛି
ଚିଠିଯାକ ଏଠି ସେଠି ।୦।

କେଡ଼େ ମିଠା ତୁମ ସମ୍ବୋଧନ
କେଡ଼େ କଡ଼ା ତୁମ ଅଭିମାନ
ଚିଠି ଖଣ୍ଡେ ପାଇଁ ବିତାଇଦିଏ ମୁଁ
କେତେ ଦିନ କେତେ ରାତି ।୧।

ଚିଠିଟିଏ ଯେବେ ପାଇଯାଏ
ମନରେ ଆନନ୍ଦ ଭରିଯାଏ
ଛଳଛଳ ତୁମ ଚାହାଣୀରେ ଦେଖେ
କେତେ ସ୍ନେହ କେତେ ପ୍ରୀତି ।୨।

ଶ୍ରାବଣ ସକାଳ କରିଛି ପାଗଳ

ଶ୍ରାବଣ ସକାଳ କରିଛିପାଗଳ
ଚାରିଆଡ଼େ ଖାଲି ବର୍ଷା
ତୁମ ମୋ ଭିତରେ କି ପ୍ରେମ କେଜାଣି
ସବୁଆଡ଼େ ଆମ ଚର୍ଚ୍ଚା ।୦।

ମନରେ ଆସୁଛି ଭାରି ଭୟ
ଦୂରେଇ ଦେବନି ସତ କୁହ
ତୁମ ଆସିବାକୁ ଅନାଇ ବସିଛି
ଖୋଲି ମୋ ହୃଦୟ ଦର୍ଜା ।୧।

ବର୍ଷାକୁ ଘୋଟିଛି ଅନ୍ଧକାର
ତୁମେ ଚାହିଁଲେ ସେ ହେବ ଦୂର
ଆସ ଆସ ପ୍ରିୟା ଅନ୍ଧାର ଆଡ଼େଇ
ସକାଳଟି ଦିଶେ ଫର୍ଚ୍ଚା ।୨।

ଫୁଲଟେ ଫୁଟିଲା ବାସ ଚହଟିଲା

ଫୁଲଟେ ଫୁଟିଲା ବାସ ଚହଟିଲା
ଚାରିଆଡ଼ ହେଲା ଫୁଲମୟ
ଫୁଲ ବଗିଚାଟି ଫୁଲରେ ହସିଲା
ପାଇଲା ନିଜର ପରିଚୟ ।୦।

ଫୁଲ କହେ ମୋତେ ନେଇଯାଅ
ଚାହିଁବା ଜାଗାରେ ବିଞ୍ଚିଦିଅ
ଯେଉଁ ବାଟେ ଦିନେ ବୀର ସଇନିକ
ଯାଇ କରୁଥିଲେ ରାଜ୍ୟ ଜୟ ।୧।

ଚାହେଁନି ହୋଇ ସେ ମାଳାଟିଏ
ଠାକୁର ଗଳାରେ ଶୋଭାପାଏ
ରାଜା ରାଜୁଡ଼ାଙ୍କ ଶବାଧାରେ ରହି
ଜୀବନ କରେନି ମଧୁମୟ ।୨।

ପ୍ରେମ ଏକ ବାସ୍ନା ଫୁଲ

ପ୍ରେମ ଏକ ବାସ୍ନା ଫୁଲ
ଫୁଟି କେତେ ମହକେ
ପ୍ରେମ ଏକ ମଗ୍ନ ମାଟି
ଗନ୍ଧ ତା'ର ଚହଟେ ।୦।

ପ୍ରେମରେ ଉଚ୍ଚାଟ ଦେହମନ
କେତେ ଶ୍ରଦ୍ଧା କେତେ ଆଲିଙ୍ଗନ
ଯେତେ ବୁଝାଇଲେ ବୁଝେ ନାହିଁ ଜମା
ପ୍ରେମରେ ପାଗଳ ମନଟେ ।୧।

ସୁଖରେ ଶ୍ରାବଣ ସୁନାଦେହ
ପ୍ରେମରେ ବାସଇ ମହମହ
ପ୍ରେମର ବରଷା ଝରେ ଝରଝର
ଡାକିଆଣେ ପ୍ରିୟା ନିକଟେ ।୨।

ପୁଣ୍ୟନଦୀର ତୀରେ ମୁଁ

ପୁଣ୍ୟ ନଦୀର ତୀରେ ମୁଁ
ଛୋଟ ଏକ ନାହା
ତା' ଛାତିରେ ବସି ଦେଖେ
ଏ ସାରା ଦୁନିଆ ।୦।

ଚାରିକଡ଼େ ମୋର ଅନ୍ଧାରର ଛାଇ
କିଏ ଦେଇଅଛି ଆଲୋକ ଘୋଡ଼େଇ
ଆସିବ ନୂତନ ସୂର୍ଯ୍ୟ
ବିସ୍ତାରି ତା' କାୟା ।୧।

ଦୁନିଆରେ ମୋର ଯଦି ନାହିଁ କେହି
କେମିତି ବଞ୍ଚିବି ନିଜେ ନିଜେ ମୁହିଁ
ପୁଣ୍ୟକୁ କରିବି ସାଥୀ
ମିଳିଯିବ ରାହା ।୨।

ଜହ୍ନରେ କିଏ କଳଙ୍କ ଲେପିଛି

ଜହ୍ନରେ କିଏ କଳଙ୍କ ଲେପିଛି
କିଏ ସେହି କାରିଗର
ତଥାପି ଜହ୍ନ କି ସୁନ୍ଦର ଦିଶେ
ଆହା କେଡ଼େ ମନୋହର ।୦।

ତୁମର ମୁହଁଟି କଳଙ୍କ ମୁକ୍ତ
ତୁମ ଦେହେ ବହେ ପୁଣ୍ୟର ରକ୍ତ
ଚାହାଣୀରେ ତୁମ ଭରିଛି କିଏ
ଜ୍ୟୋତିରେଖା ଆଲୋକର ।୧।

ରାତିର ଅନ୍ଧାର ଉଭେଇଯାଏ
ହଜିଲା ବାଟକୁ ଦେଖେଇ ଦିଏ
ଦୁଃଖର ଗୀତକୁ ଖୁସିରେ ଗାଏ
କିଏ ସେହି କଳାକାର ।୨।

ଯେତେ ଆଲୋଡ଼ନ ଯେତେ ଅଭିମାନ

ଯେତେ ଆଲୋଡ଼ନ ଯେତେ ଅଭିମାନ
ସବୁକୁ ଦେଲି ପାଶୋରି
ଭଲ ପାଇବାର ସଉଧ ଗଢ଼ିଲି
ତୁମକୁ ନିଜର କରି ।୦।

ଜୀବନେ ପାଇଲି ନୂଆ ଆଶା
ପାଶୋରିଲି ଯେତେ ରାଗରୁଷା
ଅତୀତକୁ ମୋର ଆଡ଼ଦେଖା କଲି
ନେଲି ତୁମ ହାତଧରି ।୧।

ମନ ମୋ ଚାହିଁଲା ମନଟିଏ
ମନଭରି ମୋତେ ଭଲପାଏ
ତୁମ ଭଲରେ ମୋ ଭଲକୁ ମିଶାଇ
ରହିଗଲି ସେହିପରି ।୨।

କଥା ଦେଇଥିଲ ମୋ ସାଥୀରେ ତୁମେ

କଥା ଦେଇଥିଲ ମୋ ସାଥୀରେ ତୁମେ
ରହିବାକୁ ସବୁଦିନ
ରଖିଲନି କାହିଁ କଥା ତୁମ ପ୍ରିୟା
କରି ଖାଲି ଅଭିମାନ ।୦।

ଏବେବି ଝୁରୁଛି ତୁମକୁ
ଚାଲିଗଲ କାହିଁ ଦୂରକୁ
ତୁମରି ପରଶ ଦେଇଥିଲା ମୋତେ
କେତେ ପ୍ରେମ ସମ୍ଭାଷଣ ।୧।

ଓଠରୁ ତୁମ ଝରେ ହସ
ମନରେ ପାଏ ତୁମ ସ୍ପର୍ଶ
ତୁମରି କଥାରେ ଭରିଥିଲା କେତେ
ନୂଆ ନୂଆ ବିନୋଦନ ।୨।

ଜାଳି ବସିଲି ଯେବେ ମୁଁ ଦୀପଟିଏ

ଜାଳି ବସିଲି ଯେବେ ମୁଁ ଦୀପଟିଏ
ତୁମରି ଆସିବା ପାଇଁ
ଜିଇଁବାର ସୂତ୍ର ଶିଖାଇବ ହେଲେ
ତୁମେ ତ ଆସିଲ ନାହିଁ ।୦।

ତୁମ ଚାହାଣୀରେ ନୂଆ ଆଶା
କେବେ ତ କରିନ ଲୋକହସା
ସପନ ମଝିରେ ଦେଖୁଛି ତୁମକୁ
ପାଖରେ ଯାଇଛ ଶୋଇ ।୧।

ପ୍ରତିଦାନ କିଛି ଚାହିଁ ନାହିଁ
କହୁଛି ଛାତିରେ ହାତଦେଇ
ଜିଇଁବାର ରାହା ପାଇଛି ତୁମଠୁ
ଆଉ କିଛି ଲୋଡ଼ା ନାହିଁ ।୨।

ତୁମେ ବଦଳିଲେ ଋତୁ ବି ବଦଳେ

ତୁମେ ବଦଳିଲେ ଋତୁ ବି ବଦଳେ
ବରଷା ହେଉ କି ଶୀତ
ଯେତେ କାମଥିଲେ ତୁମେ ଆସିଗଲେ
ସବୁ ଗପ ହୁଏ ଗୀତ ।୦।

ଛଳନା ଭିତରେ ପାରୁନାହିଁ ଜିଇ
କପାଳ ଆଦରି ପଡ଼ିଅଛି ମୁହିଁ
ଭାବନାରେ ଯିଏ ଦେଇଛି ଦୂରେଇ
ସିଏ ଅବୁଝା ଅତୀତ ।୧।

ଜାଣିବାରେ କିଛି କରିନାହିଁ ଦୋଷ
କ୍ଷମା ଆଚରିଲେ ସବୁ ହୁଏ ଶେଷ
ନିରବ ଛାତିରେ ଅଜଣା ଆକାଶ
ମୋତେ ଦିଶେନି ଜୀବନ୍ତ ।୨।

ମୁଁ ଯେବେ ତୁମକୁ ଦେଇ ପାରିଲିନି ସୁଖ

ମୁଁ ଯେବେ ତୁମକୁ ଦେଇ ପାରିଲିନି ସୁଖ
ଦୁଃଖରେ ମୁଁ ଜଳୁଥାଏ
ନିଦକୁ ତୁମର ଯେବେ ଦେଲି ନାହିଁ ସ୍ୱପ୍ନ
ଅନ୍ଧାରକୁ ଖୋଜୁଥାଏ ।୦।

ନିଇତି ଜିଉଁଛି ନିଇତି ମରୁଛି ମୁଁ ଯେ
ସୁନା କାନଫୁଲ ହଜାଇଛି ବାଲି ଶେଯେ
ଜୀବନର ଯେତେ ଅକୁହା କଥାକୁ
ତୁମ ଆଗେ କହିଦିଏ ।୧।

ଭାବନାରେ ତୁମେ ଆସୁଛ ଯାଉଛ କେତେ
ବଞ୍ଚିବାକୁ ଟିକେ ଭରସା ଦେଉନ ମୋତେ
ଜଳିପୋଡ଼ି ଯାଇ ମୁଁ ଯେ ପାଉଁଶ ହେଲେବି
ତୁମକୁ ହିଁ ଝୁରୁଥାଏ ।୨।

ଯେତେଥର ମୁହିଁ ହାରି ଯାଇ ଅଛି

ଯେତେଥର ମୁହିଁ ହାରି ଯାଇ ଅଛି
ତୁମେ ମୋ ଧରିଛ ହାତ
ଯେତେ ଯାହା କଲେ ମୁହଁ ବୁଲାଇନ
ଧଇର୍ଯ୍ୟ ଦେଇଛ ସତ ।୦।

ହାରିବା ଜିତିବା ହାତରେ ମୋ ନାହିଁ
ହାରୁହାରୁ ପୁଣି ଜିତିଯାଏ କେହି
ଜୀବନଟା ଏକ ବାଜିଘର ଏଠି
ପାଏନି ତା' ଆଦିଅନ୍ତ ।୧।

ଜିତିଗଲେ ମୋତେ ସବୁତ ମିଳେନି
ହାରିଗଲେ ଏଠି ସବୁ ହରାଏନି
ଜିତିବାରେ ସୁଖ ହାରିବାରେ ଦୁଃଖ
କରେନି ମୋତେ ବ୍ୟଥିତ ।୨।

ସ୍ମୃତି ତୁମେ ଏକ

ସ୍ମୃତି ତୁମେ ଏକ
ଫଗୁଣ ଫୁଲର ମହକ
ସ୍ମୃତି ତୁମେ ଏକ
ନିଛକ ସତର ବାହକ ।୦।

ତୁମେ ଆସ ହାତଧରି
ପ୍ରୀତିରେ ପୁଲକ ଭରି
ଗୀତରେ ଗୀତରେ
ସାଜି ହୃଦୟର ନାୟକ ।୧।

ଝରଣାର ଜଳପରି
କଳକଳ ନାଦ କରି
କହିଯାଅ ଧୀରେ
ତୁମେ ଦିଗହରା ପଥିକ ।୨।

ଆଖିର ଝଲକ ଆଖିର ପଲକ

ଆଖିର ଝଲକ ଆଖିର ପଲକ
ଏତେ ମିଠା କାହିଁ ପାଇଁ
ଆଖିରେ ଆଖିରେ ଯେତେ କଥାବାର୍ତ୍ତା
କାଳ କାଳ ଥାଏ ରହି ।୦।

ଆଖି ଦୁଇଟିର ଧର୍ମ ଏକା
ସୁଖରେ ଦୁଃଖରେ ଦୁହେଁ ସଖା
ଜଣେତ ଜଣକୁ ଦେଖି ପାରେ ନାହି:
ଦୃଷ୍ଟି କିନ୍ତୁ ଏକ କାହିଁ ।୧।

ଜଣେ କାନ୍ଦୁଥିଲେ ଆନ କାନ୍ଦେ
ସାଥୀ ହେଉଥାନ୍ତି ଭଲମନ୍ଦେ
ହସରେ କାନ୍ଦରେ ସମାନତା ଥାଏ
ଦେଖୁଥାନ୍ତି ଏକ୍ ହୋଇ ।୨।

ଜୀବନରେ କେବେଥରେ ଦେଖାହେଲେ

ଜୀବନରେ କେବେଥରେ ଦେଖାହେଲେ
ମନେପଡ଼େ ଅତୀତ
ସ୍ମୃତି ସବୁ ଜାଗିଉଠେ ମନେ ମନେ
ଭାବନାର ସହିତ ।୦।

କହିଛି ଯେବେ ମୁଁ କେତେ କଥା
ଦେଇନ କେବେବି ମୋତେ ବ୍ୟଥା
କି ସୁନ୍ଦର ପ୍ରେମ ସାଗରରେ ତୁମେ
ମୋ ଆଶର ବୋଇତ ।୧।

କେବେ ଲୁଚ ପୁଣି ଦେଖାଦିଅ
କେବେ ଭୁଲି ପୁଣି ଭଲପାଅ
ଯା' ପାଇଁ କରିଛି ଏତେ ମାନସିକ
ସେ ପ୍ରେମର ପ୍ରତୀକ ।୨।

ନୂଆଁଣିଆ ଚାଳଘର

ନୂଆଁଣିଆ ଚାଳଘର
ସେଠି ମୋର ଷଠିଘର
ତୁଳସୀ ଚଉରାଟିଏ
ପୂଜାପାଏ ନିରନ୍ତର ।୦।

ବୈଶାଖର ଟାଣଖରା
ଖେଳିଯାଏ ଦେହସାରା
ଚାଳଘର ସାଥୀଦିଏ
ଆଶ୍ରା ଆଉ ଭରସାର ।୧।

ଟୋପାଟୋପା ବରଷାରେ
ଶ୍ରାବଣ ଝରଇ ଧୀରେ
ଭିତରେ ବାହାରେସବୁ
ଘୋଟିଆସେ ଅନ୍ଧକାର ।୨।

ଶୀତ ଆସେ ମାଘ ମାସେ
ସାରା ଦେହ ଥରାଇ ସେ
ନିମିଷକେ ଚାଲିଯାଏ
ସାଥୀ ଦିଏ ଆଟୁଘର ।୩।

ଦିନ ଯାଇ ରାତି ହୁଏ
ଘରଟି ମୋ ଜଗିଥାଏ
ଯେତେଦିନ ଥିବି ଏଠି
ଭୁଲିବିନି ଶ୍ରଦ୍ଧା ତା'ର ।୪।

ତା' ଆଗରେ ପକ୍କା ଘର
ନୁହେଁ ଜମା ଆପଣାର
ତା' କୋଳରେ ଭୁଲିଯାଏ
ଦୁଃଖ ସବୁ ଜୀବନର ।୫।

ସାଥୀ ଭଳି ସାଥୀଟିଏ
ମନଭରି ଭଲ ପାଏ
ସେଇଠି ଜନମ ଶେଷେ
ଦେଖାହେବ ମରଣର ।୬।

ଆସିବା ଦିନଠୁ ତମେ କାହିଁକି କାନ୍ଦୁଛ

ଆସିବା ଦିନଠୁ ତମେ କାହିଁକି କାନ୍ଦୁଛ
ଏ ପର୍ଯ୍ୟନ୍ତ ଜାଣିପାରୁ ନାହିଁ
ମୁଁ ତ ଅଛି ତୁମ ପାଖେ ପାଖେ ଦିନରାତି
ସବୁବେଳେ ଛାଇଟିଏ ହୋଇ ।୦।

ଲେଉଟି ଚାହିଁବାର ସାହାସ ମୋର ନାହିଁ
ଚାଲିଯାଅ ପଛେ ଏଠୁ ସ୍ୱପ୍ନ ଭାଙ୍ଗିଦେଇ
ଯେ ପର୍ଯ୍ୟନ୍ତ ତୁମେ ଥିବ ମୁଁ ସେଠାରେ ଥିବି
ସବୁ କିଛି ଛାଡ଼ିଛୁଡ଼ି ଦେଇ ।୧।

କ୍ଳାନ୍ତ କଦମ୍ବ ଆଜି ମୁଁ ମଉଳି ଯାଇଛି
ଜୀବନର ଏଇ ଅପରାହ୍ନେ
ସ୍ୱପ୍ନ ଉପବନ ମୋର ଶୁଖିଲା ଦିଶୁଛି
ଉଦାସୀ ଆଖିର ଅନୁକୋଣେ
ଏମିତି ଜୀବନ ଦେଖ କେମିତି ବଞ୍ଚିଛି
ତାହା ଜମା ଭାବିପାରେ ନାହିଁ ।୨।

ମନ ତୁମ

ମନ ତୁମ
ଭସା ବାଦଲ
ହସ ତୁମ
ଗୋଲାପ ଫୁଲ ।୦।

ଦେହ ତୁମ ପାରିଜାତ
କେତେ ଠିକ୍ କେତେ ସତ
ସପନର ମିଠା ମିଠା
ଥଟ୍ଟାମଜା ଲାଗେ ମୋତେ ଭଲ ।୧।

ବର୍ଷିବାର ଆଶା ନେଇ
ହସିବାର ନିଶା ନେଇ
ଅକସ୍ମାତ ଆସିଗଲେ
ରାତିଯାକ ଫୁଟେ କଇଁ ଫୁଲ ।୨।

ନିରବି ଯାଇଛି ଦେହ ମନ ପ୍ରାଣ

ନିରବି ଯାଇଛି ଦେହ ମନ ପ୍ରାଣ
ତୁମ ଆସିବାରେ ପ୍ରିୟା
ଭୁଲି ମୁଁ ଯାଇଛି ସବୁ ରାଗରୋଷ
ଲାଗେ ସବୁ ନୂଆ ନୂଆ ।୦।

ତୁମେ ଇ ତ ମୋ ପାଇଁ ପ୍ରଣୟୀ
ପ୍ରୀତିର ପୁଲକ ଆସ ନେଇ
ତୁମଛଡ଼ା ଆଉ ହୃଦୟକୁ ମୋର
କରିବ କେ ଟିକେ ଆହା ।୧।

ସ୍ୱାଭିମାନ କି ଅଭିମାନ
ସମ୍ବେଦନ କି ଆବେଦନ
ଖିଆଲି ମନରେ ଚହଲି ଯାଉଛି
ତୁମ କଥା ସୁଆଦିଆ ।୨।

ତୁମକୁ ଡାକିଲି ଆସ ଆସ ବୋଲି

ତୁମକୁ ଡାକିଲି ଆସ ଆସ ବୋଲି
ତୁମେ ତ ଆସିଲ ନାହିଁ
ତୁମ ଚାରିକଡ଼େ କେତେ ଯେ ବୁଲିଲି
ଗଲ ଛାଟିପିଟି ହୋଇ ।୦।

ମୁଁ ଏକ ବେସୁର ଗୀତର ରାଗିଣୀ
ତୁମେ ଏକ ତନ୍ଦ୍ରା ବିଭୋର ରଜନୀ
ବେଦନାସିକ୍ତ ଏ ପ୍ରାଣରେ ମୋହର
ଚାଲିଗଲି ଦାଗ ଦେଇ ।୧।

ଯାହା ମୁଁ ଚାହିଁଛି ତାହା ମୁଁ ପାଇନି
ତଥାପି ଜିଇଁଛି ଜୀବନ ହାରିନି
କେତେ ଅନୁଭବ କେତେ ଅନୁରାଗ
ଯାଇଛି ହୃଦୟ ଛୁଇଁ ।୨।

କହିଲି ଯେତେ ମୁଁ

କହିଲି ଯେତେ ମୁଁ
ସହିଲି ଯେତେ ମୁଁ
ଦୁନିଆକୁ ଗଲି ଭୁଲି
ତୁମ ମୋ ଭିତରେ
ତଫାତ୍ ଏତିକି
ସବୁ ଶୁଣି ନଶୁଣିଲି ।୦।

ଜୀବନରେ ଥିଲା
ଯେତେ ଦୁଃଖ
ଭୋଗିବାକୁ ହେଲା
ସବୁ ତକ
ସୁଖ ନାହିଁ ମୋର
କପାଳରେ ଲେଖା
କିଏ ମୋର ପର
କିଏ ଅଟେ ସଖା
ସମସ୍ତଙ୍କୁ ମୁଁ ଚିହ୍ନିଲି ।୧।
ଦୁନିଆକୁ ଗଲି ଭୁଲି

ତୁମକୁ କରିଲି
ସାଥୀ ମୁହିଁ
ଚାଲିବାକୁ ଦୁହେଁ
ଏକ୍ ହୋଇ
ପାଖେ ପାଖେ ଥିଲ
ହାତଧରି ମୋର
କଅଣ ଭାବିଲ
ହାତ ଛାଡ଼ି ଦେଲ
ବିରହରେ ଜଳିଗଲି ।୨।
ଦୁନିଆକୁ ଗଲି ଭୁଲି

ଯେବେ ମୁଁ ଚାହିଁଛି

ଯେବେ ମୁଁ ଚାହିଁଛି ଭଲ ପାଇବାକୁ
ତୁମକୁ ଖୋଜିଛି ଆଗ
ତୁମରି ଶରଧା ଦେଖାଇଛି ମୋତେ
ତୁମ ପ୍ରୀତି ଅନୁରାଗ ।୦।

ତୁମଠୁ ଶିଖିଲି ହସ
ବିତାଇଲି ବର୍ଷ ବର୍ଷ
ଅକାଶ ପରି ମୋର ଉଦାରମନରେ
ରଖିଛି ପ୍ରେମର ଦାଗ ।୧।

ଆଖିରୁ ଝରିଲେ ଲୁହ
ପଣତରେ ପୋଛିଦିଅ
ମିଳନ ଲଗନେ ପାଶେ ମୋର ଆସି
ସଜାଇଛ ଅଂଗରାଗ ।୨।

ଚାତକ ପରି ମୁଁ ଅନାଇ ବସିଛି

ଚାତକ ପରି ମୁଁ ଅନାଇ ବସିଛି
କେବେ ତୁମେ ବରଷିବ
ବିରହ ବିଧୁର ଆକାଶ ଦେହରେ
ଋତୁ ବଦଳାଇ ଦେବ ।୦।

କଥାରୁ ତୁମର ଝରିବ ହସ
ମହକାଇ ଦେବ ଏ ମଧୁମାସ
ତୁମରି ପରଶ ମଳୟରେ ପୁଣି
ଚାରିଆଡ଼ ବାସୁଥିବ ।୧।

ଆଶାରେ ବଞ୍ଚିଛି ତୁମରି ପାଇଁ
ଯେତେ ଯାହା କଲେ ବଦଳ ନାହିଁ
ସାଇତି ରଖିଛି ସ୍ମୃତିକୁ ମୋହର
ତୁମେ ମନେ ପଡୁଥିବ ।୨।

ପ୍ରୀତି ତୁମ ଶତଦଳ

ପ୍ରୀତି ତୁମ ଶତଦଳ
ପ୍ରେମ ତୁମ ଗଂଗାଜଳ
ଶରତର ଆଇନାରେ
ଶୁଭ୍ରସ୍ୱଚ୍ଛ ନିରିମଳ ।୦।

ଛଳନାର ଛାଇ ଦେହେ
ଅତୀତକୁ ଭୁଲିଯାଏ
ଭାବନାରେ ଛୁଇଁଦେଇ
କଳ୍ପନାର ଛାତି ତଳ ।୧।

ଚାହିଁଲେ ବି ମିଳେ ନାହିଁ
ବହିଯାଏ ଲୁହ ହୋଇ
ଆଖିର ସାଗରୁ ବହେ
ପାଏନି ତା ଥଳକୂଳ ।୨।

ପାହାଡ଼ ଦେହରୁ ଝରଇ ଝରଣା

ପାହାଡ଼ ଦେହରୁ ଝରଇ ଝରଣା
ଆଗକୁ ଚାଲଇ ମାଡ଼ି
ସାଗର ଦେହରେ ମିଶିବା ପାଇଁ କି
ଧାଇଁଥାଏ ଉଠି ପଡ଼ି ।୦।

ପଥ ତା'ର ଅଙ୍କା ବଙ୍କା
ମନରେ କେତେ ଆଶଙ୍କା
ହଜିଲା ପଥରେ ଖୋଜିବସେ ସିଏ
ଯାହା ଆସିଅଛି ଛାଡ଼ି ।୧।

ନିଜର ତା' କିଛି ନାହିଁ
ସାଗରରେ ମିଶେ ଯାଇଁ
ଜାଣିପାରେ ନାହିଁ ଆସିଲା କେଉଁଠୁ
କେଉଁଆଡ଼େ ଯିବ ମାଡ଼ି ।୨।

କଥା ଦେଇଥିଲ ମୋତେ ତୁମେ

କଥା ଦେଇଥିଲ ମୋତେ ତୁମେ
ମୁଁଉ ନଦୀ ହେଲେ ତୁମେ ହେବ
ନୀଳ ସାଗର
କହିଥିଲ ମୋତେ ବାରମ୍ବାର
ମୁଁଉ ହେଲେ ଜ୍ୟୋସ୍ନା ତୁମେ ହେବ
ଜହ୍ନ ମୋହର ।୦।

ମୁଁ ହେବି ଗୀତ ତୁମେ ହେବ ସୁର
ମୁଁ ହେବି ଫୁଲ ତୁମେ ମୋ ଭଅଁର
ମୁଁ ହେଲେ ରାତି ତୁମେ ହେବ
ମୋ ଅନ୍ଧକାର ।୧।

ମୁଁ ଗପ ହେଲେ ତୁମେ ଶୁଣୁଥିବ
ମୁଁ ସ୍ୱପ୍ନ ହେଲେ ତୁମେ ଦେଖୁଥିବ
ମୁଁ ସଜ ହେଲେ ତୁମେ ତୋଳୁଥିବ
ତା ଅଭିସାର ।୨।

ପ୍ରୀତିର ପସରା ଖୋଲି ଦେଇଅଛ

ପ୍ରୀତିର ପସରା ଖୋଲି ଦେଇଅଛ
ମୋ ଚଉପାଶେ
ରାତିର ପଣତ ପାରି ଦେଇଅଛ
ସଂଜର ଶେଷେ ।୦।

ଆଷାଢ଼ ଆକାଶେ ଖେଳୁଛି ମେଘ
ଭୁଲି ମୁଁ ପାରୁନି ତୁମରି ସଂଗ
ଏମିତି ବେଳାରେ ଆସିଛି ପ୍ରିୟା ମୋ
ବଧୁର ବେଶେ ।୧।

ଜହ୍ନ ହସୁଅଛି ଆମକୁ ଦେଖି
ଲାଜେ ଜଡ଼ସଡ଼ ଅବୁଝା ଆଖି
ହଜାଇ ଦେଇଛି ପୃଥିବୀକୁ ମୋର
ତୁମଠି ଶେଷେ ।୨।

ତୁମକୁ ନେଇ ମୁଁ ଲେଖିବି କବିତା

ତୁମକୁ ନେଇ ମୁଁ ଲେଖିବି କବିତା
ଜିଇଁବାର ଆଶା ନେଇ
ଜୀବନରେ ଯେତେ ଖାଲଢିପ ରାସ୍ତା
ସବୁ ଯିବି ପାର ହୋଇ ।୦।

ତୁମେ ଦେଖାଇବ ମୋତେ ପଥ
ସୁଖରେ ଦୁଃଖରେ ଧରି ହାତ
ଯେଉଁଠାରେ ଯେତେ ଝଡ଼ ଉଠୁଥିବ
ସବୁତକ ଯିବେ ଶୋଇ ।୧।

ଓଠରୁ ଝରିବ ଯେତେ ହସ
ପାଲଟିବ ସିଏ ମଧୁମାସ
ଜୀବନ ନଦୀରେ ନଉକା ଚଳାଇ
ଶୀଘ୍ର ଯିବି ପାରି ହୋଇ ।୨।

ପ୍ରୀତି ତୁମ ସ୍ମୃତି ହୁଏ କେବେ

ପ୍ରୀତି ତୁମ ସ୍ମୃତି ହୁଏ କେବେ
ଜାଣି ପାରେ ନାହିଁ
ରାତି ତୁମ ସ୍ୱପ୍ନ ହୁଏ କେବେ
କହି ହୁଏ ନାହିଁ ।୦।

ଭାବନାରେ ଯଦି ତୁମେ ଆସ
କହିହୁଅ ସବୁ ମୋର ଦୋଷ
କେବେ ହସେ ପୁଣି କେବେ କାନ୍ଦେ
ତୁମ ସାଥେ ରହି ।୧।

ଚାପିରଖ ହୃଦୟରେ କଥା
ଯାହା ପାଇଁ ତୁମ ମୁଣ୍ଡ ବ୍ୟଥା
ଯେଉଁଠି ଥିଲେ ବି ମୁଁ ତୁମର
ଚିରଦିନ ପାଇଁ ।୨।

ଛଳନାରେ ଜିଇଁ ପାରେ ନାହିଁ ମୁହିଁ

ଛଳନାରେ ଜିଇଁ ପାରେ ନାହିଁ ମୁହିଁ
ପାଣିରେ ଟାଣେନି ଗାର
କୁହୁଡ଼ିରେ ମୁଁ ଯେ ପହଁରି ପାରେନି
ବୁଝେନି କା' ଶଶୀଠାର ।୦।

ଲେଖିଥିଲି ନାଁ ବହଳେ ଅନ୍ଧାରେ
ତୁମ ନାଁ ପାଖେ ମିଳନ ଆଶାରେ
ଫଗୁଣର ଫୁଲବନେ ଗଢ଼ିବାକୁ
ଛୋଟ ଏକ ବାଲିଘର ।୧।

ବଳକା ରଖିଛି ସ୍ୱପ୍ନ ପାଖରେ
ପୁରା କରିବାକୁ ଆସ ସେଥିରେ
ଠିକଣା ମୁଁ ତୁମ ଭୁଲି ଯାଇଅଛି
କୁହ ଆଉ କେତେ ଦୂର ।୨।

ରାତିର ଶେଯରେ ସ୍ୱପ୍ନ ଏକ

ରାତିରେ ଶେଯରେ ସ୍ୱପ୍ନ ଏକ
ନୂଖୁରା କବିତା ପରି
ସକାଳ ଆକାଶେ ସୂର୍ଯ୍ୟ ଉଏଁ
ନୂଆ ସମ୍ଭାବନା ଧରି ।୦।

ବର୍ଷା ଯେବେ ଲୁହ ହୁଏ
ଆଷାଢ଼ ଆଖିରେ
ପ୍ରେମ ଯେବେ ହସ ହୁଏ
ଫୁଲ ଫଗୁଣରେ
ଆଶା ମୋର ବସା ବାନ୍ଧେ ଧୀରେ
ଧୀରେ ମନରେ ତୁମରି ।୧।

ଓଠ ଯେବେ ଲୁହ ପିଏ
କାନ୍ଦର କୋହରେ
ଦେହ ଯେବେ ମୁହଁ ଧୁଏ
ଶୁଖିଲା ଶବ୍ଦରେ
କଳାମେଘ ଘୋଟି ଆସେ ଧୀରେ
ଧୀରେ ଆଖିରେ ତୁମରି ।୨।

ତମାମ୍ ରାତିର ବର୍ଷା ଯେବେ ଧୋଇଦିଏ

ତମାମ୍ ରାତିର ବର୍ଷା ଯେବେ ଧୋଇଦିଏ
ତୁମେ ଆସିବା ବାଟର ପାଦଚିହ୍ନ
କେହି ଖୋଜୁ କି ନଖୋଜୁ ମୁଁ ଯେ ଖୋଜିଥାଏ
କିଏ କରିଥିଲା ମୋତେ ନିମନ୍ତ୍ରଣ ।୦।

ପାନ୍ଥଶାଳାଟିର ପାଟି ଫିଟିଗଲା
ତୁମେ ସେଠି ରହୁରହୁ
ମଉଳା ଫୁଲରେ ବାସ୍ନା ଭରିଗଲା
ତୁମେ ତାକୁ ଛୁଉଁ ଛୁଉଁ
କେଉଁ ଘାଟରେ ଲାଗିଲା ନଉକା ତୁମର
ଖୋଜି ଖୋଜି କେତେ ହେଲି ହଇରାଣ ।୧।

ଅଫେରା ପଥିକ ପରି ମୁଁ ଜିଇଁଛି
ମାଟିମୟ ମନ ନେଇକି ବଞ୍ଚିଛି
ତଥାପି ବିଶ୍ୱାସ କରିଛି ତୁମକୁ କାଳେ
ହୋଇଯିବ ଜୀବନ ମୋ ଅକାରଣ ।୨।

ସଂସାର ଯାକର ଗାଳିମନ୍ଦ ସହି

ସଂସାର ଯାକର ଗାଳିମନ୍ଦ ସହି
କେତେଦିନୁ ଏଠି ପଡ଼ିଛି
ଯେତେ ମୁଁ ଖୋଜିଛି ଆଲୋକ ଟିକିଏ
ଅନ୍ଧକାର ଖାଲି ପାଇଛି ।୦।

ଆତୁର ଆଖିରେ ଦୁଃଖ ସବୁ
ନେସି ହୋଇଯାଏ ଭାବୁ ଭାବୁ
ଉଦାସୀ ପଣ ମୋ ହାର ମାନିଯାଏ
ହୃଦୟ ମୋ ଠକି ଯାଇଛି ।୧।

ଯେତେ ଯିଏ ଥିଲେ ଚାଲିଗଲେ
ଯେତିକି ରହିଲେ ଭୁଲିଗଲେ
କାହା ଭରସାରେ ସଂସାର ଗଢ଼ିବି
ଅନ୍ଧାରରେ ଘାଣ୍ଟି ହେଉଛି ।୨।

ଶେଷ ପାହାଚରେ ପହଞ୍ଚି ଯାଇ ମୁଁ

ଶେଷ ପାହାଚରେ ପହଞ୍ଚି ଯାଇ ମୁଁ
ଅତୀତକୁ ଫେରି ଚାହୁଁଛି
କେତେ କିଏ ଗଲେ କେତେ ଯେ ରହିଲେ
ସମୟଠୁ ବୁଝି ଜାଣୁଛି ।୦।

ପବନ ବହୁଛି ମସଗୁଲ୍ ହୋଇ
ପାଣିରେ ଖେଳୁଛି ସମୟର ଛାଇ
ଦୁନିଆ ଯାକର ଖବର କିଏ ସେ
ହିସାବ ନିକାସ କରୁଛି ।୧।

କିଏ ରୂପକାର ସାଜିଛି ମୋ ପାଇଁ
କିଏ ଭାବନାର ଚିତ୍ରକର ହୋଇ
ସ୍ୱପ୍ନ ବିଭୋର ବେଳାରେ କିଏ ମୋତେ
ଆଗରୁ ଆଗେଇ ନେଉଛି ।୨।

ଆଖିର ଧାରେ ଲୁହରେ ମୁଁ ଦେଖୁଛି

ଆଖିର ଧାରେ ଲୁହରେ ମୁଁ ଦେଖୁଛି
ମୋ ଭିତରର ଗାଢ଼ ଅନ୍ଧକାର
ଯେତେ ଯାହା କଲେ ଆଡ଼େଇ ପାରୁନି
ଜମାଟ ବାନ୍ଧିଥିବା ଅହଂକାର ।୦।

ଅନୁଭବରୁ ଆସେ ଅନୁରାଗ
ସ୍ମୃତିରୁ ଜାତ ହୁଏ ଭାବାବେଗ
ପରିପୂର୍ଣ୍ଣ ପୃଥିବୀରେ ଗଢ଼ାହୁଏ
ସୁଖ ଦୁଃଖର ଶେଷ ଅଭିସାର ।୧।

ବାସ୍ତବତାରୁ ଆସେ ବିହ୍ୱଳତା
ନିର୍ଜନତାରୁ ଜାତ ନିରବତା
ସ୍ୱପ୍ନ ଯେତେବେଳେ ସତ ହୁଏ ମୋର
ସମର୍ପିଦିଏ ମୁଁ ଫସଲ ପ୍ରୀତିର ।୨।

ଅଳସ ଆଖିରେ ବସା ବାନ୍ଧିଅଛି

ଅଳସ ଆଖିରେ ବସା ବାନ୍ଧିଅଛି
ବହଳେ ଗହନ ନିଦ
ମେଘର ଫାଙ୍କରେ ଜହ୍ନ ହସୁଅଛି
ନାହିଁ ତା ମନରେ ଖେଦ ।୦।

ସ୍ୱପ୍ନ ରଂଗର ରାତି ପାହିଗଲେ
ଚମ୍ପାଫୁଲର ବାସ ଚହଟିଲେ
ମନୁ ଲିଭିଯାଏ ଛୋଟ ମୋଟ ଯେତେ
ଦୁଃଖ ଆଉ ଅବସାଦ ।୧।

ପ୍ରୀତିର ନିଶାରେ ବିଭୋର ହୋଇ
ସୁଖର ସଉଧ କରିବା ପାଇଁ
ମନ କରିଚାଲେ ଯାହା ମନ ହୁଏ
ହେଉ ପଛେ ବରବାଦ ।୨।

ଭାବନାରେ ଯେବେ କାଶତଣ୍ଡୀ ଫୁଟେ

ଭାବନାରେ ଯେବେ କାଶତଣ୍ଡୀ ଫୁଟେ
କି ସୁନ୍ଦର ଦିଶେ ମୁହଁ ତା'ର
ସପନରେ ଆସେ ଉଦାସିଆ ଭାବ
ଛାତି ଥରେ ଦୁଃଖମାନଙ୍କର ।୦।

ହୃଦୟୁ ଝରଇ ଦୁଃଖର ଝରଣା
ଅମଡ଼ା ବାଟରେ ହୁଏ ବାଟବଣା
ଅଜଣା ପଥିକ ବୁଝେ ନାହିଁ କିଛି
ହଜେଇ ତା' ପ୍ରତିବାଦ ସ୍ୱର ।୧।

ମେଘମାନଙ୍କର କଅଁଳିଆ ସୁର
ପାଖରେ ଥାଇ ବି ଲାଗେ ବହୁଦୂର
ଯେବେ ରଙ୍ଗ ହଜେ ଉଦାସୀ ଆଖିର
କିଏ ତେବେ ସେହି ରୂପକାର ।୨।

ଶ୍ରାବଣ ଗୋ ତୁମେ

ଶ୍ରାବଣ ଗୋ ତୁମେ
କେଉଁ ବରଷାର
ଧାରା ହୋଇ ଝରିଯାଅ
ମନରେ ମନକୁ
ଯୋଡ଼ି ଦେବା ପାଇଁ
କେତେ କଥା କହିଯାଅ ।୦।

କେଉଁ ସରଗର କୋଳପୋଛା ପୁଅ
କେଉଁ ରାଇଜର ଚିହ୍ନାଜଣା ମୁହଁ
ହଜିଗଲା ପରେ
ମନକୁ ତୁମର
କେମିତି ବୁଝାଇ ଦିଅ ।୧।
ଶ୍ରାବଣ ଗୋ ଝରିଯାଅ

କଥା ଦେଇ କଥା ରଖିଲନି କାହିଁ
ଆଖିର ଲୁହକୁ ପୋଛିପାଛି ଦେଇ
ଭିତରେ କାନ୍ଦୁଛ
ଗୁମୁରି ଗୁମୁରି
ମନକଥା କହିଦିଅ ।୨।
ଶ୍ରାବଣ ଗୋ ଝରିଯାଅ ।

ହସି ଦେଇଥିଲ ଯେବେ

ହସି ଦେଇଥିଲ ଯେବେ
ଗୋଲାପ ଫୁଲିଆ ହସ
ବାନ୍ଧି ଦେଇଥିଲା ମୋତେ
ତୁମ ଅଭିମାନୀ ସ୍ପର୍ଶ ।୦।

ମନ ସିଲଟରେ ଲେଖିଲି ତୁମରି ନାଁ
ଠିକଣାରେ ତୁମ ଖୋଜିଲି ତୁମର ଗାଁ
ଅଜାଣତେ ମୋର ହୋଇଗଲି ତୁମ
ପ୍ରଣୟର କ୍ରୀତଦାସ ।୧।
ଗୋଲାପ ଫୁଲିଆ ହସ

ନିଜର ବୋଲି ଭାବିଲି ତୁମକୁ ଯେବେ
ସବୁ କିଛି ମୁଁ ପାଇଗଲି ଅନୁଭବେ
ତୁମ ଯିବାପରେ ଧୀରେ ଧୀରେ ଖାଲି
ମନେ ଭରିଗଲା ବିଷ
ଗୋଲାପ ଫୁଲିଆ ହସ ।୨।

କଥା ଦେଇଥିଲ ଆସିବ

କଥା ଦେଇଥିଲ ଆସିବ
ପାଖେ ପାଖେ ମୋର ବସିବ
ହୃଦୟ ଦରଜା ଖୋଲିଯିବ ଯେବେ
ପ୍ରେମର ସହର ଦିଶିବ
କଥା ଦେଇଥିଲ ଆସିବ ।୦।

ତୁମରି ଓଠରେ ହସିବି ମୁହିଁ
ତୁମ ସାଥେ ଦିନ ଦେବି ବିତାଇ
ଭାବି ଭାବି ମୁଁ ହେଲେଣି ପାଗଳ
କେବେ ମଲ୍ଲୀଫୁଲ ଫୁଟିବ
କଥା ଦେଇଥିଲ ଆସିବ ।୧।

ଦିନ ଗଡ଼ିଯିବ ଆସିବ ନାହିଁ
ବେଳ ବୁଡ଼ିଯିବ ଦିଶିବ ନାହିଁ
କେତେଦିନ ମୁଁ ଚାହିଁ ରହିଥିବି
ସକାଳରୁ ସଂଜ ହୋଇବ
କଥା ଦେଇଥିଲ ଆସିବ ।୨।

ତନୁ ତୁମେ ମୋ ପାଇଁ

ତନୁ ତୁମେ ମୋ ପାଇଁ
ଏକମାତ୍ର ଅଲିଖିତ କବିତା
ତନୁ ତୁମେ ସରଗ
ଓ ଶରଧାର ଚିରା ରଫ୍‌ଖାତା ।୦।

ତୁମ ହସରୁ ଝରୁଥିଲା ମୋତି
ଯେବେ ତୁମକୁ କରିନେଲି ସାଥୀ
ଅଳସ ମନରେ ତୁମ ଆଂକିଦେଲି
ମୁଁ ରଖିଥିବା ନୀରବ ଶୂନ୍ୟତା ।୧।

ତୁମେ ବହଳେ ଖରାର ଉତ୍ତାପ
ତୁମେ ଅସୁମାରି ଆଶା ପ୍ରଳାପ
ଭାରି ଦୁଃଖ ଲାଗେ ସତେ ଯେବେ ତୁମେ
ଭଲରେ ପଦେ କୁହ ନାହିଁ କଥା ।୨।

ଏମିତି ଦେଖିଲେ ତୁମକୁ

ଏମିତି ଦେଖିଲେ ତୁମକୁ
ତୁମେ ଲାଗ ନିଜର ନିଜର
ମନରେ ଭାବିଲେ ଥରଟେ
ତୁମେ ଲାଗ ଅତି ଆପଣାର ।୦।

କେତେ ଜନମର ସାଥୀ ହେବ
କେତେ ଯେ ଫଗୁଣ ବିତାଇବ
ଦିନ ଦିନ ଧରି ଚାହିଁଛି
ଗଢ଼ିବାକୁ ସୁଖର ସଂସାର ।୧।

ନିନ୍ଦା ଅପବାଦ ଯିଏ ଦେବ
ଅଲଗା ଆମକୁ କରିଦେବ
ଯିଏ ସିଏ ହେଉ ଛାଡ଼ିବୁନି
ଦେବୁ ତା'ରେ ଯଥାର୍ଥ ଉତ୍ତର ।୨।

ଯେତେ ଯାହା ଥିଲା ଅଭିଯୋଗ ତୁମ

ଯେତେ ଯାହା ଥିଲା ଅଭିଯୋଗ ତୁମ
ସବୁତ ପୂରଣ କରିଛି
ଅପବାଦ କାହିଁ ଦେଉଛ ଗୋ ମୋତେ
ସବୁଶୁଣି ଚୁପ୍ ରହିଛି ।୦।

ବୁଝିବାକୁ କାହିଁ ଚେଷ୍ଟା କଲ ନାହିଁ
ଦୁନିଆରେ ତୁମ ଛଡ଼ା ନାହିଁ କେହି
କେତେ ବା ସହିବି ଟାହି ଟାପରା ମୁଁ
ନିତି ଜିଇଁ ନିତି ମରୁଛି ।୧।

ତୁମ ମୋ ଭିତରେ ଏଡୁଟେ ପାଚେରୀ
କିଏ ଗଢ଼ିଦେଲା ହୋଇ ସେ ବଇରୀ
ଅବୁଝା ମନରେ ଦୁଃଖର ଗରଳ
କିଏ ସତେ ଭରି ଦେଇଛି ।୨।

ଯେବେ ମୁଁ ଚାହିଁଲି ଜପାମାଳି କରି

ଯେବେ ମୁଁ ଚାହିଁଲି ଜପାମାଳି କରି
ରଖିବି ତୁମକୁ ମନେ
ଆସି ଲୁଚିଗଲ ଦେଖା ନ ଦେଇକି
ଫୁଲ ହୋଇ ମଧୁବନେ ।୦।

ଚାହାଣୀରେ ତୁମ ମଲ୍ଲିଫୁଲ ହସ
କାହାଣୀରେ କେତେ ଗପର ସାରାଂଶ
କିଏ ବା ତୁମକୁ ବୁଝାଇ ପାରିବ
ଦିନେ ନୁହେଁ ସବୁ ଦିନେ ।୧।

ଯେତେ ଅପବାଦ ସବୁ ଯେ ସହିଛି
ଯେତେ ଗାଳିସବୁ ଦାଗ ହୋଇ ଅଛି
ଆଶାର ସପନ ଶେଷ ହେବ କେବେ
ଭାବୁଛି ମୁଁ ମନେ ମନେ ।୨।

ଯାହାକୁ ଭାବୁଛ ତମର ତମର

ଯାହାକୁ ଭାବୁଛ ତମର ତମର
ସିଏ ତ ତମର ନୁହେଁ
ତୁମ ଚାରିପାଖେ ଭଲ କରି ଦେଖ
କେତେ ମୁହଁ କଥା କହେ ।୦।

କାହିଁକି ରଖୁଛ ଏତେ ଧନ
ପାଇବା ପାଇଁକି ସନମାନ
ଯାହା ପାଇଁ ତୁମେ ଜିଉଁଛ ମରୁଛ
ସିଏ କୋଉ ଦେଖାଦିଏ ।୧।

ବୁଝିପାରିଲନି ଏ ସଂସାର
କିଏ ପର କିଏ ଆପଣାର
ନିଜର ନିଜର ଭାବିଲ ଯାହାକୁ
ସିଏ ଆଜି ସାତପର ।୨।

ବୁଝିଲନି କାହିଁ ମୋ କଥାକୁ ତୁମେ

ବୁଝିଲନି କାହିଁ ମୋ କଥାକୁ ତୁମେ
ଭାବନା କରୁଛ ଦିନରାତି
ଭାବନାରେ ସୁଖ କାହୁଁ ବା ମିଳିବ
ନିଜର କରିବ କ୍ଷୟକ୍ଷତି ।୦।

ଦିନ ସରିଯିବ ଚାହୁଁ ଚାହୁଁ
ମନ କଥା ତୁମ କହୁ କହୁ
ମୋ ଦ୍ୱାରା ପଛେ କିଛି ନହେଲା ନାହିଁ
ତୁମେ ସହନାହିଁ ମୁଣ୍ଡପାତି ।୧।

କଥା ଦେଇଥିଲ ମୋତେ ଯେବେ
ଦେଖା କରିବନି ଆଉ କେବେ
କଥାଟି ତୁମର ହେଲା ପାଣିଗାର
ଗୁଣଗ୍ରାମ ସବୁ ଅସରନ୍ତି ।୨।

ପ୍ରୀତି ଡାକେ ହାତଠାରି

ପ୍ରୀତି ଡାକେ ହାତଠାରି ସ୍ମୃତିର ସହରେ
ସେ ଠାର କିଏ ଜାଣେ
ଭରିଦିଏ ମୋ ପ୍ରାଣେ
ଅସରନ୍ତି ଆଲୋକର
ବତୀଜଳେ ପୁଲକରେ ।୦।

ଯାହା ପାଇଁ ମଉସୁମୀ ଆସେ ଧୀରେ ଧୀରେ
ସେ ଆମ ବନଲତା
ମନେ ତା' ସରସତା
ନୂଆ ନୂଆ ଅଂଗବାସ
ପିନ୍ଧି ନୂଆ ପରଶରେ ।୧।

ଶୀତ ଆସେ ଗୀତ ଗାଇ ମୋ ଦେହରେ
ସେ କେଉଁ ଯାଦୁକର
ସପନ ସୌଦାଗର
ମନଖୁସି ମହକରେ
ଆସେ ଫୁଲର ସହରେ ।୨।

ଋତୁ ବଦଳିଲେ ରଙ୍ଗ ତ ବଦଳେ

ଋତୁ ବଦଳିଲେ ରଙ୍ଗ ତ ବଦଳେ
ଚାହିଁଲେ ବି ଚିହ୍ନି ହୁଏ ନାହିଁ
ନିଜର ନିଜର ଯେତେ ବି ଭାବିଲେ
ମନକଥା ମନେ ଯାଏ ରହି ।୦।

ଆଖି କଥା କହେ ଚାହାଣୀରେ
ଓଠର ଫାଙ୍କରେ ହସ ଧାରେ
ଲୁହର ଶ୍ରାବଣ ପ୍ରୀତିର ପାର୍ବଣ
ରହିଯାଏ ମନେ ଦାଗ ହୋଇ ।୧।

ସ୍ମୃତି ଯେବେ ଏଠି ଜଳିଯାଏ
ଝରଣା ପରିକା ବହିଯାଏ
ଅସରା ଜୀବନ କେରାଏ ସପନ
ଝୁରୁଥାଏ ମନ ଛୁଇଁଦେଇ ।୨।

କେଉଁ ଫଗୁଣର ମହକ ତୁମେ ଗୋ

କେଉଁ ଫଗୁଣର ମହକ ତୁମେ ଗୋ
କେଉଁ ସେନେହର ପୁଲକ
କେଉଁ ଚାହାଣୀର ଚିତ୍ରଟିଏ ତୁମେ
କେଉଁ ବିରହର ବାହକ ।୦।

ହୃଦୟେ ରହିଛ ଘରକରି
ସରମେ ବସିଛ ମନମାରି
କହିଲେ କହୁଛ ଜାଣି ନାହିଁ ଜମା
କେଉଁ ଆଶାର ତ ଆଲୋକ ।୧।

ଗୀତରେ ଗାଇଛ ଯେତେ କଥା
ଗପରେ ଲେଖିଛ ଯେତେ ବ୍ୟଥା
ଅକୁହା ମନର ଆକୁଳତା ଯେତେ
ଯନ୍ତ୍ରଣା ଦେଇଛି ଅନେକ ।୨।

ଜିଇଁବାର ମନ ନେଇ ଜୀବନ ଜିଇଁଲେ

ଜିଇଁବାର ମନ ନେଇ ଜୀବନ ଜିଇଁଲେ
ମନ କେବେ ହାରିଯାଏ ନାହିଁ
ନିଜର ନିଜର କରି ଘର ବସାଇଲେ
ଜୀବନଟା ଯାଏ ଧନ୍ୟ ହୋଇ ।୦।

ସପନରେ ବିତିଲା ଅନେକ ଦିନ
ସରମରେ ଭରିଲା ହାରିଲା ମନ
ମନ ସରାଗରେ ବନ୍ଧା ହୃଦୟ ଆବେଗ
ଝୁରେ ସେନେହ ଟିକକ ପାଇଁ ।୧।

ରାତିଯାଏ ବିତି ପଣତ କାନିରେ
ଲାଜରେ ଝାଉଁଳି ଜହ୍ନ ଆକାଶରେ
ଲୁଚିଯାଏ ଖୋଜିଲେ ବି ମିଳେନି କେଉଁଠି
ଚାହୁଁ ଚାହୁଁ ଶୂନ୍ୟ ହୋଇ ଯାଇ ।୨।

କିଛି ଦୋଷ ମୁଁ ତ କାହାରି କରିନି

କିଛି ଦୋଷ ମୁଁ ତ କାହାରି କରିନି
ହେଉଛି କାହିଁକି ଏତେ ସରି
କେହି ନ ପଚାରିଲେ ତୁମେ ତ ଟିକେ
ଶୁଣନ୍ତ ମୋ କଥା କାନ ଡେରି ।୦।

ଏତେ ଅଭିମାନୀ କାହିଁ ହେଲ
ନ କହିକି କିଆଁ ଚାଲିଗଲ
ଜାଣିଛ କି ତୁମେ ଏଠୁ ଗଲାପରେ
କେମିତି ଜିଇଁଛି ଝୁରିଝୁରି ।୧।

ସମୟ ନଉକା ଯାଏ ଚାଲି
ଭାବର ସମୁଦ୍ର ହେବି ପାରି
ତୁମେ ଆସି ମୋର ସାଥୀଟିଏ ହେଲେ
ଦୁଃଖ ସବୁ ଯିବ ଅପସରି ।୨।

କହିବାକୁ ଥିଲା କେତେ କ'ଣ ମୋର

କହିବାକୁ ଥିଲା କେତେ କ'ଣ ମୋର
ନ ଶୁଣିକି କାହିଁ ଚାଲିଗଲ
ଜିତିବାର ମନେ ହାରିବାର ଭୟ
ଜାଣି ଜାଣି କାହିଁ ଦେଇଗଲ ।୦।

ଅବୁଝା ମନରେ ଅଭିମାନ
ଛାତିର କୋହରେ ଆଲୋଡ଼ନ
ଲାଜର ଓଠରେ ପ୍ରୀତିର ପିଆଲା
କେଡ଼େ କାଇଦାରେ ଛୁଆଁଇଲ ।୧।

ଆଖି ଇସାରାରେ କେତେ କଥା
କହିଗଲ ସବୁ ଦେଇ ବ୍ୟଥା
ଜୀବନେ ଆଶାକୁ ମୋ ପୂର୍ଣ୍ଣ ନକରି
ଅଧା ରଖି କାହିଁ ଛାଡ଼ିଗଲ ।୨।

ମନ କାଗଜରେ ଡଙ୍ଗାଟିଏ କରି

ମନ କାଗଜରେ ଡଙ୍ଗାଟିଏ କରି
ପ୍ରୀତି ଝରଣାରେ ଭସେଇ ଦେଲି
ବରଷାକୁ କହି ଭରସା ନାଆଁରେ
ଯିବା ବାଟ ତାକୁ ଦେଖେଇ ଦେଲି ।୦।

କେତେ ଅଭିଯୋଗ ଶୁଣି ମୋ ନାଆଁରେ
ସମୟକୁ କଲି ସାକ୍ଷୀ ସବୁଥିରେ
ଜୀବନେ କରିଛି ଯେତେ ଅନୁଭବ
କହୁ କହୁ ସବୁ କହି ମୁଁ ଦେଲି ।୧।
ପ୍ରୀତି ଝରଣାରେ ଭସେଇ ଦେଲି

ହଜିଲା ଅତୀତ ମିଳିବନି ଆଉ
ଭୁଲିଯିବି ସ୍ୱପ୍ନ ରାତି ପାହୁ ପାହୁ
କାଲିର ଦୁନିଆ କିଏ ବା ଦେଖିଛି
ସ୍ମୃତିର ନିଆଁରେ ନିଜେ ଜଳିଲି ।୨।
ପ୍ରୀତି ଝରଣାରେ ଭସେଇ ଦେଲି

ଜୋଛନାରେ ଭରା ଏଇ ରାତି

ଜୋଛନାରେ ଭରା ଏଇ ରାତି ଆମେ
କରିଥିଲେ ଦିନେ ସାଥୀ
ହୃଦୟରୁ ଭଲ ପାଇ ବସିଥିଲି
ତୁମରି ପ୍ରେମରେ ମାତି ।୦।

କେତେ ଯେ ସପନ ବଣିକ ମୁଁ ଥିଲି
କେତେ ଦିନ କେତେ ରାତି ବିତାଇଲି
ଇଚ୍ଛା ଥିଲା ତୁମ ସାଥେ ଗଢ଼ିବାକୁ
ଛୋଟିଆ ସଂସାର ଗୋଟି ।୧।

କେତେ କେତେ ଗପ ଶୁଣାଉ ମୁଁ ଥିଲି
କେତେ ଯେ ଯୋଜନା ମନେ ଭାବିଥିଲି
କାହିଁକି କେଜାଣି ଦୂରେଇ ଗଲ ଯେ,
ଦୁଃଖ ଦେଇ ଅସରନ୍ତି ।୨।

ଏତେ ଦିନ ପରେ ମନେହୁଏ ମୋର

ଏତେ ଦିନ ପରେ ମନେହୁଏ ମୋର
ତୁମକୁ ଭେଟିବା ପାଇଁ
କାହିଁକି କେଜାଣି ଅମାନିଆ ମନ
ବୁଝେନି ଅଧୀର ହୋଇ ।୦।

କିଏ ସେ ଶୁଣିବ ମୋ ଅନ୍ତର ବ୍ୟଥା
କିଏ ସେ ଗାଇବ ମୋ ଜୀବନ ଗାଥା
ଅନ୍ଧକାର ଘୋଟି ଆସିଲେ ଜୀବନେ
କାହାକୁ ଦେବି ମୁଁ କହି ।୧।

ଜିଇଁବାର ଆଶା ନେଇକି ମନରେ
ବୁଝିବାର ଭାଷା ରଖି ଆଖି ତଳେ
ବିରହ ନିଆଁରେ ଜଳୁଛି ଆଜି ମୁଁ
କିଏ ସେ ଦେବ ଲିଭାଇ ।୨।

ଫଗୁଣର ଫୁଲଘର ତୋଳିଲି ମୁଁ

ଫଗୁଣର ଫୁଲଘର ତୋଳିଲି ମୁଁ
କେବଳ ତୁମରି ପାଇଁ
ଅମାନିଆ ଆଖି ଲାଜେ ଜଳିଗଲା
ପ୍ରେମରେ ବିଭୋର ହୋଇ ।୦।

ଛାତି ତଳେ ଥିଲା ଯେତେ କୋହ
ଭାବନାରେ କରୁଥିଲି ଭୟ
ଜୀବନ ନଦୀରେ ନଉକା ହେଲି ମୁଁ
ତୁମରି ଉଦ୍ଧାର ପାଇଁ ।୧।

ବାଜେ ମିଳନର ସାହାନାଇ
ପ୍ରୀତି ପରଶର ଗୀତ ଗାଇ
ଇଚ୍ଛାହୁଏ ତୁମ ସାଥେ ଖେଳିବାକୁ
ମତୁଆଲା ମନ ନେଇ ।୨।

କେତେ ମୁଁ ହସିଛି କେତେ ମୁଁ କାନ୍ଦିଛି

କେତେ ମୁଁ ହସିଛି କେତେ ମୁଁ କାନ୍ଦିଛି
ହିସାବ କା' ପାଖେ ନାହିଁ
ମରଣ ଆଖିରେ ଧୂଳି ଦେଇ ମୁଁ ଯେ
ଜୀବନ ପାରିଛି ଜିଇଁ ।୦।

ଜୀବନଟା ଏକ ନିବୁଜ୍ ଡାଏରୀ
ଖୋଲିବାଟା କଷ୍ଟ, ଯାଏ ଚିରିଚାରି
ତଥାପି ତାହାକୁ ଜିଇଁବାକୁ ହୁଏ
ଅନେକ ଯାତନା ପାଇ ।୧।

ମରଣରେ ଦେହେ କମ୍ପନ ଜାଗଇ
ଜୀବନ ଅବୁଝା ହୁଏ କାହିଁ ପାଇଁ
ଜୀବନ ମରଣ ଛାଇ ଆଲୁଅରେ
ଚାଲିଥାଏ ଖେଳ ହୋଇ ।୨।

ଜୀବନଟା ଏକ କାଗଜ ଡଙ୍ଗା

ଜୀବନଟା ଏକ କାଗଜ ଡଙ୍ଗା
ଭାସୁଥାଏ ସ୍ୱପ୍ନ ସରୋବରେ
ଜୀବନଟା ଏକ ଇନ୍ଦ୍ରଧନୁ ସେ
ସାତ ରଙ୍ଗ ନେଇ ଗର୍ବ କରେ ।୦।

ଯାହା ମୁଁ ଲେଖିଛି ସବୁତ ତୁମରି ପାଇଁ
ଯାହା ମୁଁ ଭାବିଛି ସେ ସବୁ ତୁମକୁ ନେଇ
ସଳଖ ସୁନ୍ଦର ରାସ୍ତାରେ ଗଲେ ବି
କେବେ ଜିତେ ପୁଣି କେବେ ହାରେ ।୧।

ଛଳନାରେ ଏବେ ଚାଲିଛି ସବୁ ସଂସାର
ମିଛ ଅଭିନୟେ ଭାଙ୍ଗିଯାଏ କେତେ ଘର
ପରିଚୟ ମୋର ହରାଇଛି ମୁହିଁ
ସମୟର କାଚଘରେ ।୨।

ଥିଲା ଯାହା ମୋର ଲେଖିବାକୁ ଏଠି

ଥିଲା ଯାହା ମୋର ଲେଖିବାକୁ ଏଠି
ସବୁ ଲେଖି ନ ପାରିଲି
ଥିଲା ଯାହା ମୋର ଭୋଗିବାକୁ ଏଠି
ସେ ସବୁକୁ ଭୋଗ କଲି ।୦।

ବହୁ ଲେଖା ମୋର ରହିଗଲା ଅଧା
ଭୋଗିଲି ଅନେକ ଦୁଃଖ ଅସୁବିଧା
ତଥାପି ବଞ୍ଚିଛି ସବୁକୁ ଆଦରି
ଭଙ୍ଗା ମନ ଯୋଡ଼ିଯାଡ଼ି ।୧।

ଜୀବନରେ ଯେତେ ଦୁର୍ଦ୍ଦିନ ଆସିଛି
ସେ ସବୁକୁ ମୁଁ ଯେ ସାମ୍ନା କରିଛି
ସବୁ ଅନ୍ଧାରକୁ ଆପଣାଇ ଅଛି
ଆଲୋକ ଦେଇଛି ଛାଡ଼ି ।୨।

ସ୍ମୃତିକୁ ଆସୁଛି ଆଜି ମୋର ସବୁ

ସ୍ମୃତିକୁ ଆସୁଛି ଆଜି ମୋର ସବୁ
ଅତୀତ ଗୁମର କଥା
ଜିଇଁବା ନାଆଁରେ ସବୁ ଅଭିନୟ
ହୋଇଅଛି ମୋର ବୃଥା ।୦।

କେତେ ଯେ କହିଛି କେତେ ଯେ ସହିଛି
କେତେ କେତେ ସାଥୀ ଆପଣାଇ ଅଛି
ପ୍ରୀତିର ଡୋରିରେ ବାନ୍ଧି ମୁଁ ସଭିଙ୍କୁ
ଗାଇଛି ଜୀବନ ଗାଥା ।୧।

ଆକାଶକୁ ଯେବେ କରିଲି ନିଜର
ହୋଇଗଲା ସିଏ ମେଘର ଭଣ୍ଡାର
ଆଲୋକ ବଦଳେ ମିଳିଲା ଅନ୍ଧାର
ଜୀବନଟା ଅଧା ଅଧା ।୨।

ବହୁଦିନ ପରେ ସେଦିନ ଦେଖିଲି

ବହୁଦିନ ପରେ ସେଦିନ ଦେଖିଲି
ଜହ୍ନର ଲୋଭିଲା ହସ
ମୋତେ ଲାଗୁଛି ସେ ସହିପାରିଲାନି
କରୁଥିଲା ଉପହାସ ।୦।

ଜହ୍ନରେ କଳଙ୍କ କାଳିମା ହୋଇ
ତରଳାଇ ଦିଏ ଲୁହର ନଈ
ଅମାନିଆ ମନ ଭିତରେ କୁହୁଳେ
ବିଫଳ ପ୍ରୀତିର ବିଷ ।୧।

ଅବୁଝା ମନରେ ଅବେଳରେ ସିଏ
ବାଟରେ ଆସିକି ଅବାଟରେ ଯାଏ
ଜୀବନକୁ ଜିଇଁ ବାଟ ଚାଲିବାରେ
ମେଣ୍ଟାଏ ତା' ଅବସୋସ ।୨।

ନିଦର ପହଡ଼ ଭାଙ୍ଗି ଯେବେ

ନିଦର ପହଡ଼ ଭାଙ୍ଗି ଯେବେ
ଦେଖାଦେଲ ମୋତେ
ମେଘର ଉହାଡ଼େ ଲୁଚି ପୁଣି
ଦେଖୁଥିଲ କେତେ ।୦।

ଯାହା ମୁଁ ଚାହିଁଛି ପାଇନି କେବେ
ଯାହା ମୁଁ ହେଜିଛି ପାଉଛି ଏବେ
କେମିତି ହଜିଲି ତୁମଠାରେ
ଜଣାନାହିଁ ମୋତେ ।୧।

ତୁମର ହୁଏତ ମନରେ ନାହିଁ
ପାଖକୁ ମୋହର ଆସିଲ କାହିଁ
ତୁମେ କି ଜାଣିବ କେମିତି ମୋ
ଦିନସବୁ ବିତେ ।୨।

ତୁମେ ହସୁଥିଲେ ଜହ୍ନ ହସୁଥିଲା

ତୁମେ ହସୁଥିଲେ ଜହ୍ନ ହସୁଥିଲା
ଆକାଶ ଲାଜଉଥିଲା
ତୁମେ ଆସିବାରୁ ମୋ ହୃଦ ଦରଜା
ଆପେ ଆପେ ଖୋଲିଗଲା ।୦।

ଜିଇଁବାର କଳା ତୁମଠୁ ଶିଖିଲି
ଆଜିଯାଏଁ ଖାଲି ମିଛେ ଜୀଇଁଥିଲି
କେତେଦିନ କେତେରାତି ଏମିତିରେ
ଚାହୁଁ ଚାହୁଁ ବିତିଗଲା ।୧।

ଜୀବନଟା ମୋର ଜଉମୁଦା ଘର
ନିଆଁ ଲାଗିଗଲେ ହେବ ଛାରଖାର
ବଞ୍ଚିବାର ରାହା ଖୋଜି ଜୀବନଟା
ମୋର ଅଧା ରହିଗଲା ।୨।

ଯେତେ ଶବ୍ଦ ଆସନ୍ତି ପାଖକୁ

ଯେତେ ଶବ୍ଦ ଆସନ୍ତି ପାଖକୁ
ସବୁକୁ ଧରିପାରେ ନାହିଁ
ଯେତେ ଦୃଶ୍ୟ ଦିଶନ୍ତି ଆଖିକୁ
ସେସବୁ ଆଙ୍କିପାରେ ନାହିଁ ।୦।

ଯେତେ ମୁଁ ଆଙ୍କିଛି ଛବି ରଙ୍ଗ ତୁଳୀରେ
ଯେତେ ମୁଁ ଗାଇଛି ଗୀତ ସାତ ସୁରରେ
ସେ ଛବିରେ ଦିଶେ ତୁମ ମୁହଁ
ସେ ଗୀତ ଗାଏ ତୁମ ପାଇଁ ।୧।

ଯେତେ ମୁଁ କବିତା ଲେଖେ ଶବ୍ଦରେ ତୁମ
ଯେତେ ମୁଁ ଦେଖଇ ଦୃଶ୍ୟ ତୁମରି ସମ
କବିତାରେ ତୁମ ମୁହଁ ଦିଶେ
ସବୁ ଦୃଶ୍ୟ ତୁମକୁ ନେଇ ।୨।

ମନେ ରଖି ଭୁଲିଯିବା ଗୋଟେ

ମନେରଖି ଭୁଲିଯିବା ଗୋଟେ
ନୂଆ କଥା ନୁହେଁ
ଭଲପାଇ ଭୁଲିଗଲେ ବଡ଼
ଭୁଲ୍ ହୋଇଯାଏ ।୦।

ଯେତେ ଭାବେ ଭୁଲିଯିବି
ଭଲ ପାଇ ବସେ
ଯେତେ ଚାହେଁ ଚାଲିଯିବି
ତୁମ ମୁହଁ ଦିଶେ
ସବୁ ସ୍ୱପ୍ନ ସରେ ନାହିଁ କିଛି
ଅଧା ରହିଯାଏ ।୧।

ଯେତେ ଭାବେ ଦୁନିଆଟା
ଖାଲି ମୋର ବୋଲି
ଯେତେ ଚାହେଁ ତୁମକୁ ମୁଁ
ଯିବି ନିଶ୍ଚେ ଭୁଲି
ସବୁ ରାତି ପାହେ ନାହିଁ
କିଛି ପ୍ରୀତି ହୋଇଯାଏ ।୨।

ସବୁଦିନ ପାଇଁ ତୁମେ ରହିଥିବ

ସବୁଦିନ ପାଇଁ ତୁମେ ରହିଥିବ
ମୋ ପାଖେ ସଂଗୀତ ହୋଇ
ଭଲପାଇବାର ପରିଭାଷା କ'ଣ
ଦେବ ତ ମୋତେ ବୁଝାଇ ।୦।

ଚାଲିଚାଲି ବାଟ ଥକିଗଲି
ତୁମ ମୁହେଁ ହସ ଭରିଦେଲି
କେତେ କେତେ ବାଜି ଲଗାଇ ଜିତିଛି
କେତେ ପୁଣି ହାରିଯାଇ ।୧।

ଅନୁତାପେ ଲୁହ ଢାଳିଦେଲି
ସବୁ ଅଭିନୟ ସାରି ଦେଲି
ହାରିବା ଜିତିବା ଖେଳ ଖେଳି ହଜି
ଯିବି ସବୁଦିନ ପାଇଁ ।୨।

ଶ୍ରାବଣ ଗଡ଼ାଏ ଲୁହ

ଶ୍ରାବଣ ଗଡ଼ାଏ ଲୁହ
ମେଘର ଆଖିରୁ
ମନରେ ଲାଗଇ ନିଆଁ
ଭୟର ଭିତରୁ ।୦।

ଜାଗଇ ମନରେ ମିଳନର ରାଗ
ଭରିଦେଇ ହୃଦେ ପ୍ରୀତି ଅନୁରାଗ
ବଞ୍ଚିବାର ଭାଷା ଝୁଲେ
ଓଠର ଦେହରୁ ।୧।

ଗଢ଼ି ହୋଇଯାଏ କାଚର ଉଆସ
ଭାଙ୍ଗି ଗଲେ ମିଳେ ଦୃଢ଼ କାରାବାସ
ଆଶା ଓ ଆଶଙ୍କା ଜାଗେ
ପ୍ରୀତି ପରଶରୁ ।୨।

ଏ ଜହ୍ନ ରାତି ଏମିତି ଅଛି

ଏ ଜହ୍ନ ରାତି ଏମିତି ଅଛି
ଏମିତି ବି ଥିବ ରହି
ମୁଁ ନଥିବି କି ତୁମେ ନଥିବ
ସମୟ ବି ଯିବ ବହି ।୦।

ଏ ପିଣ୍ଡରୁ ଯେବେ ପ୍ରାଣ ଛାଡ଼ିଯିବ
ସଂସାର ଯେମିତି ସେମିତି ଚାଲିବ
କିଏ କାହାରିକୁ ଅପେକ୍ଷା ନକରି
ଯିବେ ଆଗପଛ ହୋଇ ।୧।

କେହି ବଡ଼ ନୁହେଁ କେହି ନୁହେଁ ସାନ
କାଳର ଆଖିରେ ସଭିଏଁ ସମାନ
ଜଳସ୍ଥଳ ନଭ ଓ ନକ୍ଷତ୍ର ଥିବେ
ଏଠି ସବୁଦିନ ପାଇଁ ।୨।

ଆକାଶ କହୁନି କଥା

ଆକାଶ କହୁନି କଥା
ଜହ୍ନର ଓଠରେ
ପବନ ବହୁନି ବାଆ
ହୋଇ କା' ସାଥୀରେ ।୦।

ତୁମେ ସ୍ୱପ୍ନ ଦେଖ, ସ୍ଥିର ହୁଅ
ସବୁ ସମ୍ଭାବନା ଭଲ ପାଅ
ମାୟାଛନ୍ନ ମନ ଝୁରେ
କାହା ଇଙ୍ଗିତରେ ।୧।

ଯେତେ ଦାୟିତ୍ୱ, ସବୁ ତୁମର
ଚାରି ଆଡ଼କୁ ତୁମ ନଜର
ତୁଟେନି ମୋହ କାହିଁକି
ଆମ ସମ୍ପର୍କର ।୨।

ଜୀବନଟା ମୁଠେ ସରୁବାଲି ପରି

ଜୀବନଟା ମୁଠେ ସରୁବାଲି ପରି
ଚାହୁଁ ଚାହୁଁ ସରିଯାଏ
ଯେତେ ଟାଣ କଲେ ହାତମୁଠାଟିକୁ
ସରିବାଟା ସାର ହୁଏ ।୦।

ପବନ ଦେହରେ ପ୍ରାଣ ହୋଇ
ଚାରିଆଡ଼େ ସିଏ ଭାସିଯାଇ
ସଂଚରି ଯାଏ ସେ ଦେହରୁ ଦେହକୁ
ନାଆଁ ତା' ଜୀବନ କୁହେ ।୧।

ଜହ୍ନ ଦେହରେ ଜୋଛନା ହୋଇ
ଚାରିଆଡ଼େ ସେ ଆଲୋକ ଦେଇ
ନିଦାଘ ଦେହରେ ଡହଡହଖରା
ହୋଇ ତାକୁ ଜାଳିଦିଏ ।୨।

ମୋ ଅନିଦ୍ରା ଆଖିରେ

ମୋ ଅନିଦ୍ରା ଆଖିରେ
ତୁ ଭରା ସପନ
ମୋ ଅବୁଝା ଆକାଶେ
ତୁ ପୁନେଇ ଜହ୍ନ ।୦।

ମରମରେ କେତେ ବାଟ ଭେଦୁ
ଜଣାଉ ନାହିଁ
ସପନରେ କେତେ ଥର ଆସୁ
ହିସାବ ନାହିଁ
ଦିନପରେ ଦିନ ବିତିଯାଏ ମୋର
ଜୀବନ ଧନ ।୧।

ଜୀବନକୁ କେତେ ଭଲପାଏ
ଜାଣେନି ମୁହିଁ
ଆକାଶେ ଘୋଟିଛି ମେଘ
ବରଷେ ନାହିଁ
ଝଡ଼ ଆସେ, ରାତି ସବୁ ସରେ ନାହିଁ
ହୁଏନି ଦିନ ।୨।

ଚିଠି ଚିରିଗଲେ ମୋହ ତୁଟିଯାଏ

ଚିଠି ଚିରିଗଲେ ମୋହ ତୁଟିଯାଏ
ମନ ମରିଯାଏ ନିଃଶବ୍ଦରେ
କେତେ ଯେ କାହାଣୀ ଅଧାଲେଖା ହୋଇ
ରହିଯାଏ ହୃଦୟ ଭିତରେ ।୦।

ଅର୍ଥହୀନ ଲାଗେ ସୁଯୋଗର ସ୍ୱର
ବ୍ୟର୍ଥତାର ଦାଗ ନୀରବ ରାତିର
ନିଜ ମଳ ମଳ ଆଖି ଭାସୁଥାଏ
ସୁପ୍ତ ସପନର ପାରାବାରେ ।୧।

ବିବର୍ଣ୍ଣ ପୃଥିବୀ ବିଷର୍ଣ୍ଣ ମନରେ
ଅକୁହା କଥାକୁ ଅସ୍ପଷ୍ଟ ଭାଷାରେ
ବ୍ୟକ୍ତ କରିବାର ଇଚ୍ଛାନେଇ ଭାସେ
ବ୍ୟସ୍ତ ଏକ ଲୁହର ନଈରେ ।୨।

ଚାରିଆଡ଼େ ଖାଲି ଶୂନ୍ୟତାର ଡାକ

ଚାରିଆଡ଼େ ଖାଲି ଶୂନ୍ୟତାର ଡାକ
ସମର୍ପଣ ଭାବ ନାହିଁ
ଅଧୀର ହୃଦୟ ବଧିର ନିୟତି
ମଉନେ ବସିଛି କାହିଁ ।୦।

ସୁଯୋଗର ମୁଠାମୁଠା ନଇପଠା
ପାହାଡ଼ର ମୁହଁଲୁଚା ନୀରବତା
ଆଖିରେ ଆଖିଏ ପ୍ରଶ୍ନଧରି କେତେ
ଆକୁଳ ବା ହେବି ମୁହିଁ ।୧।

କଅଁଳ ଭାଷାର କୋଳାହଳ ଭିଡ଼
ଭିତରେ ଖୋଜିଲେ ପୂର୍ଣ୍ଣତାର ସ୍ୱର
ଆତୁର ମନରେ ବିକଳ ବିଶ୍ୱାସ
ରହେ ସବୁଦିନ ପାଇଁ ।୨।

କେତେ ଯେ ଦାରୁଣ କେତେ ଯେ କରୁଣ

କେତେ ଯେ ଦାରୁଣ କେତେ ଯେ କରୁଣ
କେତେ କଳୁଷିତ ମନ ଇଏ
ଅସହାୟତାର ମାପକାଠିରେ ତା'
ହୃଦୟକୁ ମାପି ଚାଲିଥାଏ ।୦।

ସୀମାହୀନ ଆକାଶକୁ ଚାହିଁ
ଶୂନ୍ୟତା ମାପିଲେ
ଅସହାୟ ଜୀବନକୁ ନେଇ
କାହାଣୀ ଲେଖିଲେ
ସମସ୍ୟା ଓ ସମ୍ପର୍କ ଭିତରେ ଏକ
ମିମାଂଶାର ବାଟ ଖୋଲିଯାଏ ।୧।

ପରିଚିତ ପୃଥିବୀ ଦେହରେ
କେତେ ଦୁର୍ଘଟଣା
ସାମ୍ନା କରିବାକୁ ହୁଏ ଯେ
ସବୁ ସମ୍ଭାବନା
ପରିଣତି ବାସ୍ତବତା ପାଖରେ ବି
ବେଳେ ବେଳେ ହାର୍ ମାନିଥାଏ ।୨।

ଆଖି ମୋର ଛଳଛଳ ହେଲା

ଆଖି ମୋର ଛଳଛଳ ହେଲା
ମୌନତାର ମାନପତ୍ର ଧରି
ଆପଣାର ଭାବ ମଉଳିଲା
ନିଃଶବ୍ଦର ସ୍ୱର ବାରିବାରି ।୦।

ଭିତରର କୋଳାହଳ ଅନ୍ତର ବେଦନା
କେତେ କେତେ ସ୍ୱପ୍ନ ପୁଣି କେତେ ସମ୍ଭାବନା
କମ୍ପିତ ଓଠରେ ଅପଦସ୍ତ ଭାଷା
ଛିଡ଼ିଯାଏ ସମ୍ପର୍କର ଡୋରି ।୧।

ପାଦତଳ ମାଟି ଯେବେ ଖସି ଖସି ଯାଏ
ପାଇଥିବା ସୁଯୋଗଟି ହାତଛଡ଼ା ହୁଏ
ତଥାପି ତୁଟେନି ବଞ୍ଚିବାର ମୋହ
ଚାଲୁଥାଏ ସବୁଦିନ ପରି ।୨।

ତୁମେ ହସୁଥିଲ ମୁଁ ବି ହସୁଥିଲି

ତୁମେ ହସୁଥିଲ ମୁଁ ବି ହସୁଥିଲି
ଦେଖି ହସୁଥିଲା ଜହ୍ନ
ନିରେଖି ଚାହିଁଲେ ଦିଶୁଥିଲା ମୁହେଁ
ଛୋଟ ଏକ ତିଳ ଚିହ୍ନ ।୦।

ସଂଜ ଯାଇ ରାତି ହେଲା
ତୁମେ ଗଲ ଶୋଇ
ରାତିର ପଣତ ତଳେ
ଦେଲ ମୋତେ ଛୁଇଁ
ନିଦରୁ ଉଠିଲି, ତୁମେ ତ ନଥିଲ
ଠିକ୍ ଥିଲା ଅନୁମାନ ।୧।

ସପନ ମୋ ଭାଙ୍ଗିଗଲା
କ'ଣ ଲାଭ ହେଲା
ବିନ୍ଦୁ ବିନ୍ଦୁ ଲୁହରେ ମୋ
ଗାଲ ଭିଜି ଗଲା
ଭରସା ଟିକିଏ ପାଇବି ବୋଲିକି
କରିଥିଲି ଅଭିମାନ ।୨।

ସାରା ଜୀବନଟା ବିତାଇ ଦେଲି ମୁଁ

ସାରା ଜୀବନଟା ବିତାଇ ଦେଲି ମୁଁ
ସତ୍ୟ ପଛେ ଧାଇଁ ଧାଇଁ
ସାରା ପୃଥିବୀଟା ଲାଗୁଅଛି ମୋତେ
ଶୂନ୍ୟତାର ଚରାଭୂଇଁ ।୦।

ଜନ୍ମମୃତ୍ୟୁ ଚିରନ୍ତନ
ସବୁ ମିଥ୍ୟା ସବୁ ଶୂନ୍ୟ
କାମନାରେ କବଳିତ ଜୀବନ ମୋ
ଦୁଃଖ ପୂର୍ଣ୍ଣ ଯାଏ ହୋଇ ।୧।

ଜୀବନ ରହସ୍ୟ ସବୁ
ଦିନରାତି ଭାବୁ ଭାବୁ
ସମୟର ଶେଯପରେ ଶୋଇଯାଏ
ଜିଇଁବାର ଆଶା ନେଇ ।୨।

କେତେ ଯେ ପ୍ରତୀକ୍ଷା ପରେ ତୁମ ଦେଖା

କେତେ ଯେ ପ୍ରତୀକ୍ଷା ପରେ ତୁମ ଦେଖା
କଦମ୍ବର ବାସ୍ନା ଖେଳିଯାଏ
କେତେ ଯେ ଶ୍ରାବଣ କେତେ ଫାଲ୍‌ଗୁନ
ଆସି ଏ ଜୀବନେ ଫେରିଯାଏ ।୦।

ଅନେକ ଇଚ୍ଛାର ସ୍ୱପ୍ନ ନେଇ
ମଧୁ ମିଳନର ଗୀତ ଗାଇ
ଜୀବନ ସଂଗୀତ ଗାନେ ବିଭୋରିତ
ମୁଗ୍ଧ ମନ ମୋ ଝୁରିହୁଏ ।୧।

ଆଶାର ବୋଇତ ଭାସୁଥାଇ
ହୃଦୟ ଦରଜା ଖୋଲିଦେଇ
ମନର ସାଗରେ ସୁଖର ଲହରୀ
ଚାହୁଁ ଚାହୁଁ କେତେ ଖେଳିଯାଏ ।୨।

କେଉଁ ଏକ ଅଳସ ସଂଜରେ

କେଉଁ ଏକ ଅଳସ ସଂଜରେ
ସୂର୍ଯ୍ୟ ବୁଡ଼ିଗଲା ପରେ
ତୁମେ ଆସିଥିଲ ଏକାନ୍ତରେ
ଖୁବ୍ ଉଦାସ ମନରେ ।୦।

ଅତିକ୍ରାନ୍ତ ବୟସ ସାଥୀରେ
ମରଣର ଭୟ ଘୁରିବୁଲେ
ବଞ୍ଚିବାର ଅଦମ୍ୟ ପିପାସା
ଜାଗେ ହୃଦୟ ତନ୍ତ୍ରୀରେ ।୧।

କାମନାର ଅସଂଖ୍ୟ ଚଢ଼େଇ
ଉଡୁଥା'ନ୍ତି ମନ ଆକାଶରେ
କ୍ଲାନ୍ତ ଆଉ ଅବସନ୍ନ ଡେଣା
ନେଇ ଅତୃପ୍ତ ମନରେ ।୨।

ମନ ଯେବେ ଛନ୍ଦିହୁଏ

ମନ ଯେବେ ଛନ୍ଦି ହୁଏ
ମୋହର ଜାଲରେ
ବଞ୍ଚିବାର ଇଚ୍ଛା ଯାଏ
କାମନା ସାଥୀରେ ।୦।

ପତ୍ରଝଡ଼ା ଗଛପରି
ଥୁଣ୍ଟା ଦିଶେ
ପ୍ରୀତିଭରା ଜୀବନକୁ
ମାପି ବସେ
ସଂଶୟକୁ କରେ ଦୂର
ସମୟ ଚକ୍ରରେ ।୧।

ଯେତେ ଯିଏ ଆଶ୍ୱାସନା
ଦେଇଥାଏ
ଅଥୟ ମନଟି ଶାନ୍ତ
ହେବା ଯାଏ
ଜୀବନଟି କିଇଁ ରହେ
କାହା ଅପେକ୍ଷାରେ ।୨।

ପାହାନ୍ତିଆ ସ୍ୱପ୍ନ ମୋର

ପାହାନ୍ତିଆ ସ୍ୱପ୍ନ ମୋର
ସତ ଯେବେ ହୁଏ
କଅଁଳିଆ ତୁମ ସ୍ପର୍ଶ
ଉଲୁସାଇ ଦିଏ ।୦।

ତୁମେ ମୋର ସ୍ୱପ୍ନ
ତୁମେ ମୋ ସଂସାର
ତୁମେ ସବୁ ଢେଉ
ନୀଳ ସାଗରର
ଜୀବନର ଗତି ପଥ ତୁମ ଯୋଗୁଁ
ବଦଳି ମୋ ଯାଏ ।୧।

ତୁମେ ମୋର ଅହଂ
ତୁମେ ମୋ ସେନେହ
ତୁମେ ମୋ ସର୍ବସ୍ୱ
ଜୟ ପରାଜୟ
ପ୍ରେମର ସଂଗୀତ ଗାଇ ଅନ୍ତରରେ
କେତେ ଭଲ ପାଏ ।୨।

ମୁଁ ଯେବେ ହଜିଯାଏ ମୋ ଭିତରେ

ମୁଁ ଯେବେ ହଜିଯାଏ ମୋ ଭିତରେ
ବଞ୍ଚିବାର ରାହା ପାଏ ନାହିଁ
ଜୀବନ ସାଗରେ ଅଶାନ୍ତ ଢେଉ ସବୁ
ଫେରି ଯା'ନ୍ତି ବେଳାଭୂମି ଛୁଇଁ ।୦।

ମୋ ଅସ୍ତିତ୍ୱ ବନ୍ଦୀ କରି ମୋ ଦେହରେ
ନିଜକୁ ହିଁ କର୍ତ୍ତା ଭାବେ ସବୁଥିରେ
ଜୀବନ କରି ଦୁଃଖମୟ ଚାଲିଯାଏ
ସଂସାର ଠୁ ବିଶ୍ୱାସ ତୁଟାଇ ।୧।

ଭୁଲିଯାଏ ମାଟି ମାଆର ମମତା
ଲିଭିଯାଏ ମନୁ ସମ୍ପର୍କର କଥା
ମନରେ ବିଦ୍ରୋହ ଆସେ ମୁଁ କୁ ଜାବୁଡ଼ି
ହଜିଯାଏ ସବୁଦିନ ପାଇଁ ।୨।

ଅନୁରାଗେ ଭରା ଏ ପୃଥିବୀ

ଅନୁରାଗେ ଭରା ଏ ପୃଥିବୀ
ମୋହ ଭରା ଅଦୃଶ୍ୟ ବନ୍ଧନ
ଅପରୂପ କାନ୍ତିର ଏ ଧରା
କି ସୁନ୍ଦର ବର୍ଣ୍ଣାଳୀରେ ପୂର୍ଣ୍ଣ ।୦।

ଅଜସ୍ର ଆଶାର ସୀମା ଡେଇଁ
ବଞ୍ଚିବାର ବିଶ୍ୱାସ ଜନ୍ମାଇ
ହୃଦୟ ତନ୍ତ୍ରିରେ ଭରିଯାଏ
ମୋହାଚ୍ଛନ୍ନ ମଧୁର କମ୍ପନ ।୧।

ଜିଇଁବାର ଜୀବନ ରହସ୍ୟ
ମାୟାଭରା ନିବିଡ଼ ଆଶ୍ଲେଷ
ଉଦାସ ମନରେ ବସାବାନ୍ଧେ
ମମତାର ଅତୁଟ ବନ୍ଧନ ।୨।

ସମୟ କାନ୍ଥରେ କିଏ ଲେଖିଦିଏ

ସମୟ କାନ୍ଥରେ କିଏ ଲେଖିଦିଏ
ମରଣର ଦିନ
ଭାଗ୍ୟ ଓ ଭବିଷ୍ୟ କହେ କାହା ପାଇଁ
ଜିଇଁଛି ଜୀବନ ।୦।

ଦେହେ ଆଣେ କିଏ ଶାନ୍ତ ଶିହରଣ
ଦେଖୁ ଦେଖୁ ବିତେ ଦିନ ପରେ ଦିନ
ବଞ୍ଚିବାର ଦୁର୍ବାର ଲାଳସା ଦେଖେ
ସୁଖର ସପନ ।୧।

କାହାର ଏହି ଝାପ୍‌ସା ପାଦ ଚିହ୍ନ
ଦିଶୁଥାଏ ପୁଣି ହୁଏ ଅନ୍ତର୍ଦ୍ଧାନ
ନିରାଶାର ନିଦ ଭାଙ୍ଗି ନର୍ଜନତା
ଛୁଇଁ ଯାଏ ମନ ।୨।

ମମତାର ମଧୁର ମହକେ

ମମତାର ମଧୁର ମହକେ
ପୁରି ଉଠେ ଶୀତଳ ହୃଦୟ
ଜୀବନର ପ୍ରତିଟି ପାହାଚେ
ସୃଷ୍ଟିହୁଏ ନିଜ ପରିଚୟ ।୦।

ସମୟର ଚଲାପଥେ ମନର ଅଗଣା
ଭେଟୁଥାଏ କେତେ ସ୍ୱପ୍ନ ହୋଇ ବାଟବଣା
କାମନାର ଢେଉ ଖେଳେ କରି
ଜୀବନକୁ ଖାଲି ପ୍ରେମମୟ ।୧।

କେତେ ସବୁ ଭାବନାରେ ପୁରି ଉଠେ ମନ
ପଲପଲ ଯନ୍ତ୍ରଣା ବି କରଇ ଦଂଶନ
ରାହାଟିକେ ପାଇବାକୁ ମନେ
ଲାଗିଥାଏ ଅଧିକ ସମୟ ।୨।

କେତେ ଯେ ବସନ୍ତ ଆସିଛି ଏଠାକୁ

କେତେ ଯେ ବସନ୍ତ ଆସିଛି ଏଠାକୁ
କେତେ ଯେ ଯାଇଛି ଚାଲି
କେତେ ଯେ ବର୍ଷାରେ ଭିଜିଛି ଏଠି ମୁଁ
ପାରିବିନି ଜମା ଭୁଲି ।୦।

ପାଗଳ ଭଅଁର ଚକ୍‌କର କାଟୁଛି
କାଚ ଆଇନାରେ ସବୁ ଦିଶୁଅଛି
ଫୁଲ ବଗିଚାରେ କାହାର ଅପେକ୍ଷା
କିଏ ସେ ଆସିବ ବୋଲି ।୧।

ଯେତେ ମୁଁ ପାଇଛି ବେଶୀ ହରାଇଛି
ସବୁତକ ପ୍ରେମ ସାଇତି ରଖିଛି
କେବେ ଯେ ଆସିବ ଚାହିଁ ବସିଛି ମୁଁ
ତୁମକୁ ନେବି ସଂଙ୍ଗୋଳି ।୨।

ତୁମ ପରି ସାଗର ଦେହରେ

ତୁମ ପରି ସାଗର ଦେହରେ
ମୋତେ ନଦୀ କରିଦିଅ
ଆକାଶର ଅଗଣାରେ ମୋର
ତୁମେ ଜହ୍ନ ହୋଇଯାଅ ।୦।

ତୁମର ଏ ପାଦ ଶବ୍ଦ ମୋତେ ଶୁଣାଯାଏ
କେଉଁଠି ଦିଶୁନ ବୋଧେ ମତିଭ୍ରମ ହଏ
ବରଷାରେ ଭିଜିଭିଜି ମେଘ
ଦେହେ କାହିଁ ଲୁଚିଯାଅ ।୧।

ବେଳ କି ଅବେଳ ତୁମେ କିଛି ମାନ ନାହିଁ
ଖରା କି ବରଷା ତୁମେ ଜାଣି ପାର ନାହିଁ
ଖରାରେ ଦେହ ଦହି ବର୍ଷାରେ
ତୁମେ ଭିଜେଇ ବି ଦିଅ ।୨।

ସମୟର ଗଛଡାଳେ ବଢ଼ିଚାଲେ

ସମୟର ଗଛଡାଳେ ବଢ଼ିଚାଲେ
ପତ୍ରର ଆୟୁଷ
ବୟସର ଚଲାପଥେ ହତଭାଗ୍ୟ
ମୁଁ ଏକ ମଣିଷ ।୦।

ମୁଁ ଦେଖେ ମୋ ମୁହଁ
ଭାବନାର ଲହଡ଼ି ଭିତରେ
ମୁଁ ଖୋଜେ ତୁମକୁ
ବିଶ୍ୱାସର ଦୂର ଦିଗନ୍ତରେ
ପଥ ମୋର ଅବରୋଧ କରେ କିଏ
ଯାତ୍ରା ହୁଏ ଶେଷ ।୧।

କ୍ଲାନ୍ତ ଦେହ ମନ ନେଇ
ଆଉ କେତେ ବା ଲଢ଼ିବି
ଲୁହର ଦର୍ପଣେ ଦେଖି
ନିଜ ଝାପ୍‌ସା ପ୍ରତିଛବି
ବ୍ୟର୍ଥତାର କଳାମେଘ ଘୋଟିଆସେ
ହୁଏ ମୁଁ ନିରାଶ ।୨।

ତୁମ ଛଡ଼ା ଆଉ କାହାଠି ବି ନୁହେଁ

ତୁମଛଡ଼ା ଆଉ କାହାଠି ବି ନୁହେଁ
ଅଧିକାର ମୋର ଜାହିର କରେ
ଅନ୍ତର ଭିତରେ ପ୍ରୀତିର ମହକ
ଚାହୁଁ ଚାହୁଁ ମନେ ଆନନ୍ଦ ଭରେ ।୦।

ସବୁରାଗ ମୋର ଶୁଝାଇ ଦେଇଛି
ତୁମ ଉପରେ
ସବୁ ଦୁଃଖ ମୋର ଲାଘବ ହୋଇଛି
ବୁଝାଇବାରେ
ଆଶାର ବୋଇତ ଭାସିଯାଏ ମୋର
ଆଖି ପାଏ ନାହିଁ କେତେ ଯେ ଦୂରେ ।୧।

ଯେତେ ଗାଳିମନ୍ଦ କରିଛି ତୁମକୁ
ସବୁ ସହିଛ
କେତେ ସ୍ନେହଶ୍ରଦ୍ଧା ଦେଇଛି ତୁମକୁ
ସବୁ ପାଇଛ
ତଥାପି କରିଛ କେତେ ଅଭିମାନ
ଯାହା ସବୁ ଅଛି ହୃଦୟ ତଳେ ।୨।

ମୋ ଜୀବନ କ'ଣ ଏଡ଼େ ମୂଲ୍ୟହୀନ

ମୋ ଜୀବନ କ'ଣ ଏଡ଼େ ମୂଲ୍ୟହୀନ
ଚାରିଆଡ଼େ ନିରାଶାର ଚିହ୍ନ
ଦିନରାତି ଏକାକାର କରି ଦେଖେ
ହସ୍ତସନ୍ତ ହୁଏ ଏ ଜୀବନ ।୦।

ଅନ୍ତରାତ୍ମା ମୋର ପାଏନି ସାହାରା
ଦୁର୍ବଳ ହୁଅଇ ଅନ୍ତରର ଭାଷା
ଜୀବନ ମୋହର ହୁଏ ଦୁର୍ବିସହ
ତୁଟିଯାଏ ମୋର ସବୁଠୁ ଭରସା
ସମ୍ପର୍କର ଡୋର ଛିଡ଼ିଯାଇ ଦିଶେ
ଚାରିଆଡ଼ ବିବର୍ଣ୍ଣ ମଳିନ ।୧।

ଖରାବେଳ ଆସେ ମଥାନକୁ ଯେବେ
ଡହଡହ ତାତିରେ ଘୁରେ ମୋ ମଥା
ନିରାଶାର ପାଦଚିହ୍ନ ଦେଖେ ଯେବେ
ଭରିଦିଏ ମନେ ମୋ ଯେତେକ ବ୍ୟଥା
ଜିଇଁବାର ଆଶା ମଉଳି ଯାଏ ମୋ
ଖେଳେ ମନେ ଶୂନ୍ୟ ଶିହରଣ ।୨।

ମନର ସୁରମ୍ୟ ଅଗଣା ଭିତରେ

ମନର ସୁରମ୍ୟ ଅଗଣା ଭିତରେ
କେତେଦିନ କେତେ ରାତି
ଜୀବନର ପଥେ ତୁମେ ଆସି ମୋତେ
କରିଦେଲ ତୁମ ସାଥୀ ।୦।

ଦିନୁଁଦିନ ବଢ଼ି ଚାଲଇ ସଂସାର
କେତେ ଯେ ବେଦନା ହୃଦୟ ତଳର
ରାତିର ଅନ୍ଧାର କରିଦେଇ ଦୂର
ଦେଖାଇଛ ଜହ୍ନରାତି ।୧।

ଯାଇନି ଏ ଯାଏଁ ଫଗୁଣଠୁ ଦୂର
ଗାଇନି ଏଯାଏଁ ବିରହର ସୁର
ସମୟ ସ୍ରୋତରେ ଭାସିଯାଏ କେତେ
ଅଦେଖା ଅଲିଭା ପ୍ରୀତି ।୨।

ଯେବେ ହଜିଯାଏ ଆଲୋକ ମୁଠାଏ

ଯେବେ ହଜିଯାଏ ଆଲୋକ ମୁଠାଏ
ତୁମ ଗାଆଁ ସକାଳରେ
ଫର୍ଚ୍ଚା ହୋଇଯାଏ ହୃଦୟ ତଳର
ଅନ୍ଧକାର ଆମ ଗାଁରେ ।୦।

ଯେବେ ଫୁଲ ଫୁଟେ ତୁମ
ବାରିପଟ ବଗିଚାରେ
ବାସ୍ନା ଭରିଯାଏ ଆମ
ଘରସାରା ପୁଲକରେ
ପ୍ରୀତିର ଲହରୀ ଖେଳିଯାଏ ଆମ
ପ୍ରିୟ ସ୍ମୃତି ସାଗରରେ ।୧।

ଜହ୍ନ ଯେବେ ଉଠେ ନୀଳ
ଆକାଶର ଅଗଣାରେ
ତୁମେ ଦିଶୁଥାଅ ମୋତେ
ଖାଲି ଜହ୍ନର ଭିତରେ
ସମୟର ଗତି ହଜିଯାଏ ସତେ
ଆମ ବୟସ ସାଥୀରେ ।୨।

ଲୁହର ସାଗରେ ଯେବେ ଶୁଣାଯାଏ

ଲୁହର ସାଗରେ ଯେବେ ଶୁଣାଯାଏ
ଅଗଣିତ ଅଶାନ୍ତ ଢେଉର ସ୍ୱର
ପଳପଳ ଯନ୍ତ୍ରଣାରେ ଛଟପଟ
ହୁଏ ଅତୃପ୍ତ ଅନ୍ଧ ମନଟି ମୋର ।୦।

ଆଷାଢ଼ର ଅଳସ ସଞ୍ଜଟି ଓଦା ହୁଏ
ଅନ୍ଧାରର ବରଷାରେ
ଖେଳିଯାଏ ବାସ୍ନା କେଡ଼େ ବେଗି ହୃଦୟର
ସ୍ୱଚ୍ଛନୀଳ ରାଇଜରେ
ସ୍ୱପ୍ନଭିଜା ଶୂନ୍ୟତାରେ ପଳାତକ
ସାଜି ମୁକ୍ତି ଖୋଜେ ନିଷିଦ୍ଧ ପ୍ରହର ।୧।

ଉଦ୍‌ଭ୍ରାନ୍ତ ପଥିକଟି ପଥଚ୍ୟୁତ
ହୁଏ ଲକ୍ଷ୍ୟଭ୍ରଷ୍ଟ ଯୌବନରେ
ଅହଂଗ୍ରସ୍ତ ମନତଳେ ରହିଯାଏ
ସବୁ ସୁଖ ଆପଣା ଭିତରେ
ସତ୍ୟର ସନ୍ଧାନେ ବୁଲିଚାଲି ଆତ୍ମା
ଖୋଜେ ବେଳ ଟିକେ ପରମ ତୃପ୍ତିର ।୨।

ନୀଳ ଦରିଆରେ ନଉକା ବାହି ମୁଁ

ନୀଳ ଦରିଆରେ ନଉକା ବାହି ମୁଁ
ଆସେ ତୁମ ପାଶେ ଧାଇଁ
ଅଭିମାନେ ତୁମେ ଲାଜେଇ ଯାଅ ଗୋ
ଦେଲେ ମୁଁ ତୁମକୁ ଛୁଇଁ ।୦।

କେତେ ଯେ ଶରଧା
କେତେ ସ୍ନେହ
କେତେ ଅଭିମାନ
ଅଭିନୟ
ଜୀବନ ଦର୍ପଣ ଭିତରେ ରହିଛ
ପ୍ରେମର ପ୍ରତିମା ହୋଇ ।୧।

କେତେ ଯେ ଭରସା
କେତେ ଆଶା
କେତେ ଯେ ଭାବନା
କେତେ ଭାଷା
ସକଳ ଭାବର ଶେଷ ପରିଣତି
ସହଜେ ଯାଇଛ ପାଇ ।୨।

କେଉଁ ମିଠା ମିଠା ଭାବନାରେ ତୁମେ

କେଉଁ ମିଠା ମିଠା ଭାବନାରେ ତୁମେ
ଆସୁଥାଅ ନିତି ନିତି
କେଉଁ ସପନର ଶୋଇବା ଶେଯରେ
ପାହିଯାଏ କେତେ ରାତି ।୦।

ନିଦୁଆ ଆଖିର ନୀରବ ଛାତିରେ
କୋହଭରା ତୁମ ମନ
ବିଲପି ଉଠୁଛି ଆହତ ଆବେଗ
ନିଉଛଣା ଅଭିମାନ
ଭୁଲିନି ଏବେ ବି କେତେ ଫୁଲରେ ମୋ
ତୁମେ ଥିଲ ପ୍ରଜାପତି ।୧।

ଶ୍ରାବଣ ରାତିର ଓଦା ଦେହ ତୁମ
ଭିଜାଇଛି ମୋତେ କେତେ
ସ୍ମୃତିରୁ ସାଉଁଟି ନେଇଛ ନିଃସଂଗ
ଭାବନା ଥିଲା ମୋ ଯେତେ
ଲୋଲୁପ ମନର ଲାଜ ଆଲୁଅରେ
କେତେଦିନ ଏଇମିତି ।୨।

ତୁମ ଓଠଧାରେ ହେଲିନି ଯଦି ମୁଁ

ତୁମ ଓଠଧାରେ ହେଲିନି ଯଦି ମୁଁ
ମଧୁଝରା ହସଟିଏ
ଦୁଃଖର ପସରା କାହିଁ ଲଦିଦେବି
ତୁମ ସେ କାନ୍ଦୁରା ମୁହେଁ ।୦।

ଭୋଦୁଅ ଖରାର ପ୍ରଖର ତାତିରେ
ଶିଝିଯାଏ ମୋର ଦେହ
ତୁମରି ଦେହର କଅଁଳ ପରଶ
ଖୋଜୁଥାଏ ଅହରହ
ସକଳ ଭାବନା ହୃଦୟରେ ମୋର
କେତେ ଆଶା ଭରିଦିଏ ।୧।

ମନର ଆଇନା ହୁଏ ଆନମନା
ବିକଳ ମୋ ଛବି ଦେଖି
ସବୁ ସମ୍ଭାବନା ବୃଥା ହୁଏ କିଛି
ପାଏନି ମୋ ମନ ଲାଖି
ନିରାଶାର ଝଡ଼ ଚାରିଆଡ଼େ ମୋର
କେଡ଼େ ବେଗି ବହିଯାଏ ।୨।

କେତେ ପୂର୍ଣ୍ଣିମୀର ଚାନ୍ଦ ତୁମେ ଗୋ

କେତେ ପୂର୍ଣ୍ଣିମୀର ଚାନ୍ଦ ତୁମେ ଗୋ
କେତେ ଭରା ଜହ୍ନରାତି
କେତେ ଆଲୋକର ବିପ୍‌ପଣି ସାଜି
କରିନିଅ ମୋତେ ସାଥୀ ।୦।

କେତେ ଯେ ଫଗୁଣ ଫୁଲର ବାସ୍ନା
ଖେଳିଯାଏ ମୋର ମନେ
ଦରଦରେ ଭରା ପ୍ରୀତିର ଫୁଲ
ଫୁଟିଯାଏ ଉପବନେ
ମନ ଅଗଣାରେ ପ୍ରେମର ଦର୍ଜା
ଖୋଲା ରଖେ ଦିନରାତି ।୧।

କେତେ ଯେ କାମନା କେତେ କଳ୍ପନା
ଜୀବନର ଚଲାପଥେ
ସବୁ ସମ୍ପର୍କର ସୁଡ଼ଙ୍ଗ ତଳେ
ଆନନ୍ଦରେ କେତେ ମାତେ
ସଂସାର ଯାକର ସବୁ ଜଞ୍ଜାଳ
ଲାଗେ ଛାତିତଳ ତାତି ।୨।

ଧାରେ କଜଳରେ ଭରା ଆଖି

ଧାରେ କଜଳରେ ଭରା ଆଖି
ଯେବେ କଥା କହେ
ନିର୍ଜନ ସଂଜରେ ତୁମ ଆସିବାକୁ
ଚାହିଁ ରହେ ।୦।

ନିଃସଙ୍ଗ ନିଡ଼ରେ ରହିଅଛି
ମୁଁ ଯେ କେତେ ଦିନୁ
ହଜାରେ ସପନ ଲିଭି ନାହିଁ
କାହିଁ ମୋର ମନୁ
ନିରବ ଓଠର କଅଁଳିଆ
ଭାଷା ମନ ମୋହେ ।୧।

ବସନ୍ତ ଆସିଲେ ମନପକ୍ଷୀ
ମୋର ଝୁରିହୁଏ
ନିଶ୍ଚିତ ନିଶାରେ ନିଶିଥିନୀ
ଦେହେ ଲୁଚିଯାଏ
ଫୁଲ ଫଗୁଣର ଅଭିସାର
ତୋଳି ହଜିଯାଏ ।୨।

ପ୍ରୀତିଭରା ଏଇ ଜହ୍ନ

ପ୍ରୀତିଭରା ଏଇ ଜହ୍ନ
ଝୁରେ ରାତି ଏ ସପନ ।୦।

ଜୀବନରେ ଥରେ
କେବେ ଦେଖାହେଲେ
ଚିହ୍ନି କି ପାରିବ
ହୃଦୟର ତଳେ
ଅଜଣା ଅଶୁଣା ପ୍ରେମ
ପ୍ରୀତିଭରା ଏଇ ଜହ୍ନ ।୧।

କଇଁଫୁଲିଆ ସେ
ଦେହର ମୁହଁରୁ
ଝରିପଡ଼େ ହସ
ଓଠର ତୁଠରୁ
ଚହଲିଯାଏ ମୋ ମନ ।୨।
ପ୍ରୀତିଭରା ଏଇ ଜହ୍ନ

କଅଁଳ ମନ ମୋ କଥା କହେ

କଅଁଳ ମନ ମୋ କଥା କହେ
ଫୁଲର ବାସ୍ନାରେ
ଜୀବନ ନଦୀ ମୋ ବହିଯାଏ
ଜିଇଁବା ରାସ୍ତାରେ ।୦।

ଦିନ କଟିଯାଏ ଅପେକ୍ଷାରେ
ରାତି ମଥାପିଟେ ଅନ୍ଧାରରେ
ସବୁ ସୁଖ ମୋର ସରିଯାଏ
ରାତି ପାହିବାରେ ।୧।

ଆକାଶରେ ନୂଆ ମେଘ ହୋଇ
ଭାସିଯାଅ ଧରା ଦିଅ ନାହିଁ
ଜହ୍ନକୁ ଲୁଚାଇ ରଖ କାହିଁ
ମନ ଝୁରି ମରେ ।୨।

ଆହତ ଓଠରେ ମୁକ୍ତିର ଭାଷା

ଆହତ ଓଠରେ ମୁକ୍ତିର ଭାଷା
ଦଗ୍ଧ ପରାଣ ଖୋଲି
ଖୋଜୁଛି ଆତୁରେ ନିଜର ଦେହେ
ଦୂରେ କାହିଁଗଲ ଚାଲି ।୦।

କାଚ କାଞ୍ଚନର ମଣି ସଂଯୋଗ
ହେଲା ତ ନାହିଁ
ଖୋଜିଲି ଲୋଡ଼ିଲି ସଂଙ୍ଖୋଳିଲେ ବି
ଆସିଲ କାହିଁ ?
ଝରଣା ଦେହଟା ଅଧୀର ହୋଇ
ଯାଏ ତା'ର ବାଟ ଭୁଲି ।୧।

ଶୁଖିଲା ଫୁଲର ପାଖୁଡ଼ା ସବୁ
ପଡ଼ିଛି ଝଡ଼ି
ଅନ୍ଧାର ଘେରିଛି ଚାରିପାଖରେ
ଯାଉନି ଛାଡ଼ି
ଅପେକ୍ଷା କରିଛି ସକାଳସୂର୍ଯ୍ୟ
କେବେ ଯେ ଉଇଁବ ବୋଲି ।୨।

ତନୁଲତା, ତୁମ ତନୁରେ ଫୁଟିଛି

ତନୁଲତା ତୁମ ତନୁରେ ଫୁଟିଛି
ଲକ୍ଷେ ଫଗୁଣର ଫୁଲ
ଜୀବନ ନଦୀର ଅତଡ଼ା ଦାଢ଼ରେ
ବଢ଼ି ଖାଏ ଦୁଇ କୂଳ ।୦।

କେତେ ପ୍ରଜାପତି ଉଡ଼ାଇ ଦେଇଛ
ଫୁଲ ଉପରୁ
କେତେ କେତେ ମନ ବଞ୍ଚାଇ ଦେଇଛ
ଭାଙ୍ଗି ଯିବାରୁ
ସବୁ ଭରସାର କଳ୍ପନା ଭିତରେ
କଟିଯାଏ କାଳକାଳ ।୧।

କେତେ ଓଦା ଆଖି ପୋଛି ଦେଇଅଛ
ନିଜ ହାତରେ
କେତେ ମିଠା କଥା କହି ଚାଲିଛ ଯେ
ସରୁ ଓଠରେ
ଯେଉଁଠି ଦେଖିବ ସେଠି ଚାଲିଅଛି
ଛାଇ ଆଲୁଅର ଖେଳ ।୨।

ଯେତେ ସଞ୍ଜ ଆସେ ଏଇ ଜୀବନରେ

ଯେତେ ସଞ୍ଜ ଆସେ ଏଇ ଜୀବନରେ
ସବୁଯାଏ ରାତି ହୋଇ
ଜହ୍ନ ଯେବେ ଦିଶେ ନୀଳ ଆକାଶରେ
ଚାରିଆଡ଼େ ଫୁଟେ କଇଁ ।୦।

ନୀଳଶାଢ଼ୀ ପିନ୍ଧି ଆସିବ ତୁମେ
ଯେବେ ମୋ ପାଶେ
ଧୀର ଚାଲି ଧୀର କଥାରେ ତୁମ
ସରଗ ଦିଶେ
ଦରିଆ ଦେହରେ ଲହରୀଟେ ହୋଇ
ଛୁଇଁବ ମୋ ବେଲା ଭୂଇଁ
ଚାରିଆଡ଼େ ଫୁଟେ କଇଁ ।୧।

ଯିଏ ଯାହା କହୁ ଶୁଣିବି ନାହିଁ
ନେବି ପାଖକୁ
ଶୁଣାଇବି ମନେ ରଖିଛି ଯାହା
ସବୁ ତୁମକୁ
ଫୁଲବନ ମୋର ହସିବ ଉଠି
ଶେଷରେ ତୁମକୁ ପାଇ
ଚାରିଆଡ଼େ ଫୁଟେ କଇଁ ।୨।

ଯାଇଥିଲି ଯେବେ ତୁମ ଅଜାଣତେ

ଯାଇଥିଲି ଯେବେ ତୁମ ଅଜାଣତେ
ତୁମକୁ ଭେଟିବା ପାଇଁ
ତୁମେ ତ ନଥିଲ, ସେଠି ବି ନଥିଲା
ତମର ଅଲିଭା ଛାଇ ।୦।

ଚାରିଆଡ଼େ ମୋତେ ଦିଶୁଥିଲା
ତୁମ ମୁହଁ
ବାସ୍ତବରେ କିନ୍ତୁ ତୁମେ ନୁହଁ
ତୁମେ ନୁହଁ
ନିରାଶାର ନଈ ସୁଏ ଭାସିଗଲି
ମଉଳା ଫୁଲଟେ ହୋଇ
ତମର ଅଲିଭା ଛାଇ ।୧।

ସପନର ଶେଯ ପାରି ରାତି
ଯେବେ ଶୁଏ
ଆକାଶରୁ ସତେ ଏକ ଜହ୍ନ
ଟେ ଓହ୍ଲାଏ
ସେ ଜହ୍ନରେ ନିରୋଳା ପ୍ରେମର ଚିହ୍ନ
କଳଙ୍କ ଟିକିଏ ନାହିଁ
ତମର ଅଲିଭା ଛାଇ ।୨।

କେତେ ଯେ ଘଟଣା ଘଟିଗଲାଣି

କେତେ ଯେ ଘଟଣା ଘଟିଗଲାଣି
ଅଘଟଣ ହୋଇ
କେତେ କେତେ ବାଟ ହଜିଗଲାଣି
ଅବାଟରେ ଯାଇ ।୦।

କେତେ ଯେ ବାଦୁଆ ସେହି
ସମୟର ନଳବଣ
ଯା' ଦେହରୁ ଉଡ଼ିଯା'ନ୍ତି
ପ୍ରେମପକ୍ଷୀ ପଣପଣ
ତଥାପି ଅପେକ୍ଷାରେ କାଟେ ଦିନ
ଆଶା ନ ହରାଇ ।
ଦିନ ତ ବଦଳି ଯାଏ
ପ୍ରେମ ଋତୁ ବି ବଦଳେ
ତମ ଦେଖା ମିଳେ ନାହିଁ
ଜମା ସଞ୍ଜ କି ସକାଳେ ।
ଆଖି ଓଠ ମୋ ଫିକା ଫିକା ଦିଶେ
ତୁମକୁ ନ ପାଇ ।

ଯେଉଁ ବାଟ ଦେଇ ତୁମେ ଯାଇଥାଅ

ଯେଉଁ ବାଟ ଦେଇ ତୁମେ ଯାଇଥାଅ
ସେ ବାଟକୁ ଖୋଜି ବସେ
ଯେଉଁ ଆକାଶରେ ମେଘ ହୋଇ ଭାସ
ସେ ଆକାଶ ଫର୍ଚ୍ଚା ଦିଶେ ।୦।

ମୋ ଦୁଷ୍ଟ ଆଖିରେ ଖୋଜି ବସେ ମୁଁ ଯେ
ତୁମରି ମନର ସମ୍ଭାବନା
ତୁମ ଓଠ ଫାଙ୍କେ ଧାରେ ହସ ହୋଇ
କରଇ ତୁମକୁ ଆନମନା
ଜାଣିନାହଁ ତୁମେ ତୁମକୁ ଭିତରେ
କେତେ ଭଲପାଇ ବସେ ।୧।
ସେ ଆକାଶ ଫର୍ଚ୍ଚା ଦିଶେ

କାହାକୁ କିଛି ମୁଁ କହିପାରେ ନାହିଁ
ସହି ପାରେନି କା’ ପରିହାସ
ମିଠା କଥା ପଦେ ଶୁଣିବାକୁ ମୁଁ ଯେ
ଚାହିଁ ରହିଥାଏ ବର୍ଷ ବର୍ଷ
ତୁମେ ଆସିଗଲେ ସେ ବାଟଟି ଖାଲି
ଗୋଲାପ ଗୋଲାପ ବାସେ ।୨।
ସେ ଆକାଶ ଫର୍ଚ୍ଚା ଦିଶେ

କେତେବେଳେ 'ହଁ' ତୁମର

କେତେବେଳେ 'ହଁ' ତୁମର
କେତେବେଳେ ନାହିଁ
ବେଶୀ ପଚାରିଲେ ଦିଅ
ମୁହଁକୁ ଫୁଲେଇ ।୦।

କେତେ ରାଗଶେଷ
କେତେ ଅଭିମାନ
କେତେ ଆକର୍ଷଣ
କେତେ ଆଲୋଡ଼ନ
ଏମିତି ସତେ କେମିତି ହୁଅ ଅତୀତକୁ
ପୁରା ଭୁଲିଯାଇ ।୧।

କେତେ ହସକାନ୍ଦ
କେତେ ଭଲମନ୍ଦ
କେତେ ଦିନରାତି
କେତେ ସାଙ୍ଗସାଥୀ
ବିତାଇଛେ ଆମେ ଜୀବନ ଆମର କିଛି
କ'ଣ ମନେ ନାହିଁ ।୨।

କେତେ କେତେ ସ୍ୱପ୍ନ
ରହିଛି ଅଧୁରା
କେତେ ହାରଜିତ୍
କେତେ ଯେ ଘଟଣା
ଘଟିଛି ଜୀବନେ ଆମ ତଥାପି ବଞ୍ଚିଛେ
ଦିହେଁ ଏକ୍ ହୋଇ ।୩।

ତୁମ ଓଠରେ ଫଗୁଣ ହସ

ତୁମ ଓଠରେ ଫଗୁଣ ହସ
ତୁମ ଲୁହରେ ଶ୍ରାବଣ ମାସ
ହଜିଲା ଦିନରେ କେତେ ଯେ ହଜିଛେ
ଅଦିନ ମେଘରେ କେତେ ଯେ ଭିଜିଛେ
ନିତି ନୂଆ ଅବସୋସ ।୦।

ଶୂନ୍ୟରେ ଝୁଲୁଛି ଦୋଳିଟିଏ
ସେ ଦୋଳିରେ ଅଛେ ଆମେ ଦୁହେଁ
ଦୋଳିଟି କେବେ ବି ଛିଡ଼ିବନି
ସେଥିରୁ କେବେ ବି ପଡ଼ିବାନି
ଆଶା ତରୁଡାଳେ ଫୁଲରେ ଫୁଲରେ
ହସୁଥିବା ବର୍ଷ ବର୍ଷ ।୧।

ନଦୀଟିଏ ତୁମେ, ମୁଁ ସାଗର
କରିନିଅ ମୋତେ ଆପଣାର
ବେଳାଭୂମି ମୋର ଯାଅ ଛୁଇଁ
ମିଳନ ସଂଗୀତ ଗାଇ ଗାଇ
ଏକାଠି ଜିଇଁବା ଏକାଠି ମରିବା
ଭୁଲି ସବୁ ରାଗରୋଷ ।୨।

କାହିଁ କିଛି ମୋତେ କହିଲନି ତୁମେ

କାହିଁ କିଛି ମୋତେ କହିଲନି ତୁମେ
ଏତେ ଦିନେ ଯେବେ ଦେଖାହେଲ
କହିବାକୁ ଥିଲା କେତେ କ'ଣ ମୋର
ନ ଶୁଣିକି କାହିଁ ଚାଲିଗଲ ।୦।

କ୍ଷମା କରିଦେବ ମୋର ଦୋଷ
ଭୁଲି ତୁମ ସବୁ ରାଗରୋଷ
କେତେ ଦିନ ଆଉ ଥିବି ମୁଁ ଏମିତି
ଭଲ ପାଇ କାହିଁ ଭୁଲିଗଲ ।୧।

କେମିତି କାଟୁଛ ତୁମ ଦିନ
ମଣିଷ ତ ନୁହଁ ଭଗବାନ
ପାଖେ ଥାଇ ଲାଗ କେତେଦୂର
ଭୁଲ୍ ବୁଝାମଣା କଲା ପର
ଲୁହ ନୁହେଁ ମୁଁ ଯେ, ଜହର ପିଉଛି
ଶୁଣ ମୋ ପ୍ରେମର ସୌଦାଗର ।୨।

ଲୋତକ ବହୁଛି ଧାରଧାର
ଦିନରାତି ଲାଗେ ଏକାକାର
କେତେ ପ୍ରତିଶ୍ରୁତି ଦେଇଥିଲ
କେତେ ଯେ ନିଜର କରିଥିଲ
ଭରସା ଟିକକ ହରାଇ ବସିଛି
ଫେରିବ କି ନାହିଁ ଲାଗେ ଡର ।୩।

ଗୀତରେ ଗାଇଛି କେତେ ମୁଁ ତୁମକୁ

ଗୀତରେ ଗାଇଛି କେତେ ମୁଁ ତୁମକୁ
ଗପରେ ଲେଖିଛି କେତେଥର
ଭାବନାରେ ଚିତ୍ର କେତେ ମୁଁ ଆଙ୍କିଛି
ଦିଶେ ତୁମପରି ଅବିକଳ ।୦।

ଶବ୍ଦରେ ଶୁଣିଛି ତୁମ କଣ୍ଠସ୍ୱର
ହୃଦୟେ କରିଛି କେତେ ଆପଣାର
ନିଜକୁ ନିଜର କରିନାହିଁ କେବେ
ଆସିଛ ଯାଇଛ ମୋର ଅନୁଭବେ
ପ୍ରୀତିର ବନ୍ଧନ ରହିଛି ଅତୁଟ
ରହିଥିବ ସଦା କାଳକାଳ ।୧।

ଜୀବନ ଦେଇକି ପାଇଛି ମୁଁ ଭଲ
ଚାରିଆଡ଼େ ଶୁଭେ ତୁମ ଅନ୍ତଃସ୍ୱର
ଆସିବି ବାହାରି ଅନ୍ତର ଭିତରୁ
ତୁମେ ଖାଲି ମୋର ନାଆଁ ଧରୁଧରୁ
ନିଃଶ୍ୱାସରେ ତୁମ ଗଢ଼ିବି ମୁଁ ଘର
ବିଶ୍ୱାସରେ ଦେବିନି ଜହର ।୨।

ଶ୍ରାବଣ ରାତିର ଶୋଇବା ଶେଯରେ

ଶ୍ରାବଣ ରାତିର ଶୋଇବା ଶେଯରେ
ଭାରି ମନେପଡ଼ ପ୍ରିୟା
ଆସିବା ଦିନଠୁ ଗଲାକାଲି ଯାଏ
ସବୁ ସ୍ୱପ୍ନ ଲାଗେ ମାୟା ।୦।

ତୁମେ ତ ରହିଛ ଏତେ ଦୂରେ
ରିମ୍‌ଝିମ୍‌ ବର୍ଷା ଜିଦିକରେ
ଚୁପିଚୁପି କହେ କାନେ ମୋର
ଭୁଲିଗଲୁ କିରେ ପ୍ରିୟା ତୋର
ନିଘୋଡ଼ ନିଦରେ ସବୁ ମୋତେ ଲାଗେ
ସତେ କାହିଁ ନୂଆ ନୂଆ ।୧।

ନିଝୁମ୍‌ ରାତିରେ ସାଥୀ ଖୋଜେ
ଭାବନାରେ ଖାଲି ମନ ବୁଝେ
ଭିଜିଯାଏ କେବେ ହଜିଯାଏ
ଶ୍ରାବଣ ବରଷା ଥିବା ଯାଏ
ଏମିତି ଲାଗୁଛି ସତେ କେ ଆସିଛି
ପାଖରେ ହୋଇଛି ଠିଆ ।୨।

ମନ ଯେବେ ହୁଏ ପାଗଳ ଭଅଁର

ମନ ଯେବେ ହୁଏ ପାଗଳ ଭଅଁର
ତୁମେ ହୁଅ ପ୍ରୀତି ଫୁଲ
ଜୀବନକୁ ମୋର କର ସୁରଭିତ
ହୃଦୟରୁ ପାଇ ଭଲ ।୦।

ହସର ପସରା ଖୋଲିଦେଇ ତୁମ
ଦେଇଚାଲ ଖୁସି ଯେତେ
ଦିଗହଜା ମୋର ଜୀବନର ପଥ
ଆଲୋକିତ କରେ କେତେ
କେଉଁ ମରୁଭୂମି ମୃଗତୃଷ୍ଣା ସାଜି
ରହିଯାଅ କାଳକାଳ ।୧।

କଅଁଳ ଭାଷାରେ ତୁମ ଲାଖିଅଛି
ବସନ୍ତର ବାସ୍ନାରାତି
ଫଗୁଣର ଫୁଙ୍ଗୁଳା ଦେହରେ ମାଖି
କେତେ ଫାଲ୍‌ଗୁନ ପାହାନ୍ତି
ଅପେକ୍ଷାରେ ଅଛି ବହୁ ପ୍ରତିକ୍ଷିତ
ମୋର ସୁନାର ସକାଳ ।୨।

ମୋ ମନର ନୀରବତା

ମୋ ମନର ନୀରବତା
ଦେଲା ସତେ କେତେ ବ୍ୟଥା
ଅବୁଝା ସେ ପ୍ରିୟତମା
କହିଲାନି ପଦେ କଥା ।୦।

କେତେ ରାତି କେତେ ସ୍ୱପ୍ନ ଥିଲା
ଭସା ମେଘ ପରି ଭାସିଗଲା
ହସିଲାନି କେବେ ମନଖୋଲି
କହିଲାନି ଭଲ ପାଏ ବୋଲି
କେମିତି ଜାଣିବି ପ୍ରେମ ତା'ର
ଛଳନା କି ହୃଦୟର
ଭିଜା ଭିଜା ସପନରେ
ଭରିଲାନି ମାଦକତା ।୧।

ଲାଜ ଲାଜ ଆଖି ଲୁହଭରା
ଭରିଦିଏ କୋହ ଦେହସାରା
ଇନ୍ଦ୍ରଧନୁ ପରି ଦେଖାଦେଇ
ରହିଗଲା ମୋର ସ୍ମୃତି ହୋଇ
କେମିତି ବୁଝିବି ପ୍ରେମ ତାର
ମରମ ନା ମିଳନର
ଜାଣେନି କାହିଁକି ସିଏ
ମୋ ଲୁହର ଶେଷ ବୁନ୍ଦା ।୨।

ଏକା ଏକୁଟିଆ ମଣିଷଟିଏ ମୁଁ

ଏକା ଏକୁଟିଆ ମଣିଷଟିଏ ମୁଁ
ହଜିଯାଏ ନିଜ ଠାରୁ
ମେଳରେ ବଢ଼ିନି ଭିଡ଼ରେ ବଢ଼ିନି
ବଞ୍ଚିତ ମୁଁ ସବୁଥିରୁ ।୦।

ସ୍ୱାର୍ଥପର ହୋଇ ବଞ୍ଚିଛି ଏଠାରେ
ନିଜଛଡ଼ା ମନ ନାହିଁ କେଉଁଥିରେ
ଆତ୍ମରକ୍ଷା ପାଇଁ ଯାହା ମୁଁ କରିଛି
ଅନ୍ୟର ବିକାଶ କେବେ ନ ଚିନ୍ତିଛି
ବେଳେବେଳେ ଭାବେ କେମିତି ମୁଁ ମୁକ୍ତ
ହେବି ଏ ଆତ୍ମଗ୍ଲାନିରୁ ।୧।

ଆକାଶ ମୋ ଏଠି ହୁଏ ଅଭିଶପ୍ତ
ଚାରିକଡ଼ ବାୟୁ ହୁଅଇ ବିଷାକ୍ତ
ଭଗ୍ନ ମନରେ ନଗ୍ନ ଚେତନା ମୋର
ତଉଲଇ ନଶ୍ୱରତା ଜୀବନର
ଜାଣି ଜାଣି କେବେ ଆଘାତ ଦେଇନି
ଅନ୍ୟକୁ ମୁଁ ହୃଦୟରୁ ।୨।

ଥିବା ନଥିବାର ଭ୍ରମ

ଥିବା ନଥିବାର ଭ୍ରମ
ସୃଷ୍ଟି ହୁଏ ମନରେ
ସତ୍ୟ ଅସତ୍ୟର କଥା
ଉଠେ ଯୁକ୍ତି ତର୍କରେ ।୦।

ସତ ହୁଏ ନାହିଁ ସବୁ ପ୍ରତିଶ୍ରୁତି
ମିଛରେ ମିଛରେ
ପାହିଯାଏ ରାତି
ଯାହା ଅଛି ତାହା ସତ
ମିଛ ହୁଏ ନଥିଲେ ।୧।

ସତକୁ ଖୋଜିଲେ
ମିଳିଥାଏ ସତ
ମିଛକୁ ଯେ ଖୋଜେ
ହୁଅଇ ଆହତ
ସତ ମିଛର ଦୁନିଆ
ଚାଲେ ଅବିରତରେ ।୨।

ସକାଳ ଗାଉଛି ଗୀତ

ସକାଳ ଗାଉଛି ଗୀତ
ପବନ ସୁରରେ
ଶୀତଳ ନିଃଶ୍ୱାସ ତା'ର
ବହେ ଧୀରେ ଧୀରେ ।୦।

ସମୟ କହୁଛି କଥା
ସତର ଓଠରେ
ଉଭେଇ ଯାଉଛି ଗାଆଁ
ମିଛ କୁହୁଡ଼ିରେ
ପୂର୍ବଦିଗ ସଫା ଦିଶେ
ଅନେକ ଡେରିରେ ।୧।

ଛଦ୍ମବେଶେ ଆସେ କିଏ
ଅନ୍ଧାର ଆଡ଼େଇ
ଅପହଞ୍ଚ ଇଲାକାର
ସୀମାରେଖା ଡେଇଁ
ସତ୍ୟକୁ ଡରେ ସମୟ
ପ୍ରତି ମୁହୂର୍ତ୍ତରେ ।୨।

ଗାଉଛି ମୁଁ ଏମିତି ଗୀତଟେ

ଗାଉଛି ମୁଁ ଏମିତି ଗୀତଟେ
ସୁର ନାହିଁ ଲୟ ନାହିଁ
ଭାବୁଛି ମୁଁ ଏମିତି କଥାଟେ
ଖିଅ ଖୋଜି ପାଉ ନାହିଁ ।୦।

ଝଡୁଛି ସବୁ ଶୁଖିଲା ପତ୍ର
ଶୁଭୁନି କୋଇଲି ସ୍ୱର
ଅନେକ ବ୍ୟଥା ଦେଉଛି ବାଧା
ବିଦାରି ଦେଇ ଅନ୍ତର
ସ୍ୱପ୍ନର କୋହ ବିଳପି ଉଠେ
ରାତିର ଶେଯରେ ଶୋଇ ।୧।

ପାଣିର ପ୍ରାଣ ପଥର ହୋଇ
ଯାଏ କିଏ ଛୁଇଁ ଦେଲେ
ନିଥର ହୁଏ ପବନ ଦେହ
ଝଡ଼ ଟିକେ ଥମିଗଲେ
ଭାଗ୍ୟ ସାଜଇ ଭଗାରି ମୋର
ଅନେକ ଯାତନା ଦେଇ ।୨।

ଫୁଲ ହୋଇ ଯେବେ ଫୁଟି ପାରିଲିନି

ଫୁଲ ହୋଇ ଯେବେ ଫୁଟି ପାରିଲିନି
କଣ୍ଟା କାହିଁ ହେବି ମୁହିଁ
ଶୀତଳତା ଯେବେ ଦେଇ ପାରିଲିନି
ଜହ୍ନ ହେବି କାହିଁ ପାଇଁ ।୦।

ଜୀବନକୁ ମୋର ସୁରଭିତ କରି
ସ୍ମୃତିକୁ ସାଇତି ଧରି
ନୀଡ଼ରୁ ନକ୍ଷତ୍ର ପର୍ଯ୍ୟନ୍ତ ଖୋଜିଲି
ନିଜକୁ ମୁଁ ଭୁଲିଗଲି
ଅସ୍ତିତ୍ୱକୁ ମୋର କଲି ଅର୍ଥମୟ
ପାହାଡ଼ର ଭାବ ନେଇ ।୧।

ଆକାଶ ପାତାଳ ବିଭେଦ ମାପିଲି
ନିଜକୁ ମୁଁ ପର କରି
ଧରାକୁ ମୁଁ ସରା ମଣିଲିନି ଜମା
ସମୟ ମୋ ଗଲା ସରି
ଶେଷ ସମୟକୁ ସମସ୍ତ ଯାତନା
ଜଳେ ଅନୁତାପ ହୋଇ ।୨।

ଶୀତ ସକାଳର ଖରାରେ ଯେବେ

ଶୀତ ସକାଳର ଖରାରେ ଯେବେ
ମନର ଦର୍ଜାଟି ଖୋଲିଯାଏ
ସପନ ରାଇଜ ଗୋପନ କଥା
ଯେତେ ମୁଁ ଜାଣିଛି କହିଦିଏ ।୦।

ଲାଜରେ ଝାଉଁଳି ପଡ଼ିଲେ ତୁମେ
ଭାରି ଅସ୍ତବ୍ୟସ୍ତ ଲାଗେ ମୋତେ
ଅପେକ୍ଷାରେ ମୁଁ ହୁଏ ହନ୍ତସନ୍ତ
ନ ଆସିଲେ ମୋତେ ଭାରି ବାଧେ
ଅଜଣା ସଙ୍ଗୀତ ସୁରରେ ବନ୍ଧା
ଜୀବନଟା ମୋର ସରିଯାଏ ।୧।

ଅନ୍ତର ଭରା ଅଭୁଲା ସ୍ୱପ୍ନଟି
ରାତିଟିକୁ ସାଥୀ କରିଦିଏ
ନିଃଶ୍ୱାସର ଚିହ୍ନ ଲକ୍ଷ୍ୟ ପଥରେ
ଦାଗଟିଏ ହୋଇ ରହିଯାଏ
ଯେତେ ଯାହା କିଛି ମିଳିଲା ମୋତେ
ସବୁ ମୁଁ ସାଇତି ରଖିଦିଏ ।୨।

ବସନ୍ତ ଋତୁର ବଗିଚାଟି ଦେଖି

ବସନ୍ତ ଋତୁର ବଗିଚାଟି ଦେଖି
ମନ ମୋ ଉଚ୍ଛାଟ ହୁଏ
ପ୍ରଜାପତି ହୋଇ ବୁଲିବାକୁ ସେଠି
ଅନାଇ ମୁଁ ରହିଥାଏ ।୦।

ସ୍ୱପ୍ନ ଦେଖୁ ଦେଖୁ ଯାଏ ସରି
ରତି ପାହିଯାଏ ଏକାକରି
ଘଟିଥିବା ସବୁ ଘଟଣାକୁ କାହିଁ
ଏତେ ଶୀଘ୍ର ଭୁଲିଯାଏ ।୧।

କେଉଁ କେଉଁ ବାଟ ଦେଇ ଯିବି
କେଉଁଠି ଗୋଟି ମୁଁ ଚଳାଇବି
ବାଜି ମୁଁ ଜିତିବି କିମ୍ବା ହାରିଯିବି
ସବୁବେଳେ ଭାବୁଥାଏ ।୨।

BLACK EAGLE BOOKS

www.blackeaglebooks.org
info@blackeaglebooks.org

Black Eagle Books, an independent publisher, was founded as a nonprofit organization in April, 2019. It is our mission to connect and engage the Indian diaspora and the world at large with the best of works of world literature published on a collaborative platform, with special emphasis on foregrounding Contemporary Classics and New Writing.

www.ingramcontent.com/pod-product-compliance
Lightning Source LLC
Chambersburg PA
CBHW060614080526
44585CB00013B/817
* 9 7 8 1 6 4 5 6 0 8 0 2 8 *